LE ROMAN
D'UN SPAHI

ŒUVRES DE PIERRE LOTI
DANS PRESSES POCKET

PÊCHEUR D'ISLANDE
RAMUNTCHO
LE ROMAN D'UN SPAHI
AZIYADÉ

PIERRE LOTI

LE ROMAN D'UN SPAHI

CALMANN-LÉVY

INTRODUCTION

1

En descendant la côte d'Afrique, quand on a dépassé l'extrémité sud du Maroc, on suit pendant des jours et des nuits un interminable pays désolé. C'est le Sahara, la « grande mer sans eau » que les Maures appellent aussi « Bled-el-Ateuch », le pays de la soif.

Ces plages du désert ont cinq cents lieues de long, sans un point de repère pour le navire qui passe, sans une plante, sans un vestige de vie.

Les solitudes défilent, avec une monotonie triste, les dunes mouvantes, les horizons indéfinis, — et la chaleur augmente d'intensité chaque jour.

Et puis enfin apparaît au-dessus des sables une vieille cité blanche, plantée de rares palmiers jaunes ; c'est Saint-Louis du Sénégal, la capitale de la Sénégambie.

Une église, une mosquée, une tour, des maisons à la mauresque. Tout cela semble dormir sous l'ardent soleil, comme ces villes portugaises qui fleurissaient jadis sur la côte du Congo, Saint-Paul et Saint-Philippe de Benguéla.

On s'approche, et on s'étonne de voir que cette ville n'est pas bâtie sur la plage, qu'elle n'a même pas de port, pas de communication avec l'extérieur ; la côte, basse et toujours droite, est inhospitalière comme celle du Sahara, et une éternelle ligne de brisants en défend l'abord aux navires.

On aperçoit aussi ce que l'on n'avait pas vu du large : d'immenses fourmilières humaines sur le rivage, des milliers et des milliers de cases de chaume, des huttes lilliputiennes aux toits pointus, où grouille une bizarre population nègre. Ce sont deux grandes villes yolofes, Guet-n'dar et N'dartoute, qui séparent Saint-Louis de la mer.

Si on s'arrête devant ce pays, on voit bientôt arriver de longues pirogues à éperon, à museau de poisson, à tournure de requin, montées par des hommes noirs qui rament debout. Ces piroguiers sont de grands hercules maigres, admirables de formes et de muscles, avec des faces de gorilles. En passant les brisants, ils ont chaviré dix fois pour le moins. Avec une persévérance nègre, une agilité et une force de clowns, dix fois de suite ils ont relevé leur pirogue et recommencé le passage ; la sueur et l'eau de mer ruissellent sur leur peau nue, pareille à de l'ébène verni.

Ils sont arrivés, cependant, et sourient d'un air de triomphe, en montrant de magnifiques râteliers blancs. Leur costume se compose d'une amulette et d'un collier de verre ; leur chargement, d'une boîte de plomb soigneusement fermée : la boîte aux lettres.

C'est là que se trouvent les ordres du gouverneur pour le navire qui arrive ; c'est là que se mettent les papiers à l'adresse des gens de la colonie.

Lorsqu'on est pressé, on peut sans crainte se confier aux mains de ces hommes, certain d'être repêché toujours avec le plus grand soin, et finalement déposé sur la grève.

Mais il est plus confortable de poursuivre sa route vers le sud, jusqu'à l'embouchure du Sénégal, où des bateaux plats viennent vous prendre, et vous mènent tranquillement à Saint-Louis par le fleuve.

Cet isolement de la mer est pour ce pays une grande cause de stagnation et de tristesse ; Saint-Louis ne peut servir de point de relâche aux paquebots ni aux navires marchands qui descendent dans l'autre hémisphère. On y vient quand on est forcé d'y venir ; mais jamais personne n'y *passe*, et il semble qu'on s'y sente prisonnier, et absolument séparé du reste du monde.

2

Dans le quartier nord de Saint-Louis, près de la mosquée, était une vieille petite maison isolée, appartenant à un certain Samba-Hamet, trafiquant du haut fleuve. Elle était toute blanche de chaux ; ses murs de brique lézardés, ses planches racornies par la sécheresse, servaient de gîte à des légions de termites, de fourmis blanches et de lézards bleus. Deux marabouts hantaient son toit, claquant du bec au soleil, allongeant gravement leur cou chauve au-dessus de la rue droite et déserte, quand par hasard quelqu'un passait. O tristesse de cette terre d'Afrique ! Un frêle palmier à épines promenait lentement chaque jour son ombre mince tout le long de la muraille chaude ; c'était le seul arbre de ce quartier, où aucune verdure ne reposait la vue. Sur ses palmes jaunies venaient souvent se poser des vols de ces tout petits oiseaux bleus ou roses qu'on appelle en France des bengalis. Autour, c'était du sable, toujours du sable. Jamais une mousse, jamais un frais brin d'herbe sur ce sol, desséché par tous les souffles brûlants du Sahara.

3

En bas, une vieille négresse horrible, nommée Coura-n'diaye, ancienne favorite d'un grand roi noir, habitait au milieu des débris de sa fortune ; elle avait installé là ses loques bizarres, ses petites esclaves couvertes de verroteries bleues, ses chèvres, ses grands moutons cornus et ses maigres chiens jaunes.

En haut, était une vaste chambre carrée, haute de plafond, à laquelle on arrivait par un escalier extérieur, en bois vermoulu.

4

CHAQUE soir, un homme en veste rouge, coiffé du fez musulman, un spahi, montait dans la maison de Samba-Hamet, à l'heure du coucher du soleil. Les deux marabouts de Coura-n'diaye le regardaient de loin venir ; depuis l'autre extrémité de la ville morte, ils reconnaissaient son allure, son pas, les couleurs voyantes de son costume, et le laissaient entrer sans témoigner d'inquiétude, comme un personnage depuis longtemps connu.

C'était un homme de haute taille, portant la tête droite et fière ; il était de pure race blanche, bien que le soleil d'Afrique eût déjà fortement basané son visage et sa poitrine. Ce spahi était extrêmement beau, d'une beauté mâle et grave, avec de grands yeux clairs, allongés comme des yeux d'Arabe ; son fez, rejeté en arrière, laissait échapper une mèche de cheveux bruns qui retombaient au hasard sur son large front pur.

La veste rouge seyait admirablement à sa taille cambrée ; il y avait dans toute sa tournure un mélange de souplesse et de force.

Il était d'ordinaire sérieux et pensif ; mais son sourire avait une grâce féline et découvrait des dents d'une rare blancheur.

5

Un soir, l'homme en veste rouge avait plus que de coutume l'air rêveur, en montant l'escalier de bois de Samba-Hamet.

Il entra dans l'appartement haut, qui était le sien, et parut surpris de le trouver vide.

C'était un logis bizarre que celui du spahi. Des banquettes couvertes de nattes meublaient cette chambre nue ; des parchemins écrits par les prêtres du Maghreb, et divers talismans pendaient au plafond.

Il s'approcha d'un grand coffret à pieds, orné de lames de cuivre et bariolé de couleurs éclatantes, comme ceux dont se servent les Yolofs pour serrer leurs objets précieux. Il essaya de l'ouvrir et le trouva fermé.

Alors il s'étendit sur un *tara*, sorte de sofa en lattes légères que fabriquent les nègres des bords de la Gambie ; puis il prit dans sa veste une lettre qu'il se mit à lire, après l'avoir baisée à l'endroit de la signature.

6

C'ETAIT une lettre d'amour, sans doute, écrite par quelque belle, — quelque fine Parisienne peut-être, ou bien encore quelque romanesque señora, — à ce beau spahi d'Afrique, qui semble taillé pour jouer les grands rôles d'amoureux de mélodrame.

Ce papier, probablement, doit nous donner le nœud de quelque très dramatique aventure, par laquelle cette histoire va commencer...

LA lettre sur laquelle le spahi avait posé ses lèvres portait le timbre d'un village perdu des Cévennes. Elle était écrite par une pauvre vieille main tremblante et mal exercée ; les lignes chevauchaient les unes sur les autres, et les fautes ne manquaient pas.

La lettre disait :

« Mon cher fils,

» La présente est pour te donner des nouvelles de notre santé, qui, pour le moment, est assez bonne, nous en remercions le bon Dieu. Mais ton père dit qu'il se sent vieillir, et, vu que ses yeux baissent beaucoup, c'est moi, ta vieille mère, qui prends la plume pour te parler de nous ; tu m'excuseras, sachant que je ne peux pas mieux écrire.

» Mon cher fils, c'est pour te dire que nous sommes bien dans la peine depuis quelque temps. Depuis trois ans que tu es parti, rien ne nous réussit plus ; la prospérité, ainsi que la joie, nous ont quittés avec toi. L'année est dure, par rapport à la forte grêle qui est tombée dans le champ, et qui a à peu près tout perdu, sauf du côté du chemin. Notre vache est tombée malade, et nous a coûté très cher à faire soigner ; les journées de ton père manquent quelquefois, depuis qu'il est revenu au pays des hommes jeunes, qui font l'ouvrage plus vite que lui ; enfin, il a fallu faire réparer une partie du toit de chez nous, qui menaçait de tomber par suite des pluies. Je sais qu'on n'est pas bien riche au service, mais ton père dit que, si tu peux nous envoyer ce que tu nous as promis, sans te priver, ça nous sera bien utile.

» Les Méry pourraient bien nous en prêter, eux qui en ont beaucoup ; mais nous ne voudrions pas leur en demander, surtout pour ne pas avoir l'air de pauvres gens auprès d'eux. Nous voyons souvent ta cousine Jeanne Méry ; elle embellit tous les jours. C'est son grand bonheur de venir nous trouver pour parler de toi ; elle dit qu'elle ne demanderait pas mieux que d'être ta femme, mon cher Jean ; mais c'est son père qui ne veut plus qu'on parle de mariage, parce qu'il dit que nous sommes pauvres, et aussi que tu as été un peu mauvais sujet dans les temps. Je crois pourtant que, si tu gagnais les galons de maréchal des logis, et si on te voyait revenir dans le pays avec ton beau costume de militaire, il finirait peut-être par se décider tout de même. Je pourrais mourir contente si je vous voyais mariés. Vous feriez bâtir une maison près de la nôtre, qui ne serait plus assez belle pour vous. Nous faisons bien souvent des projets là-dessus, le soir, avec Peyral.

» Sans faute, mon cher fils, envoie-nous un peu d'argent, car je t'assure que nous sommes bien dans la peine ; nous n'avons pas pu nous rattraper cette année, comme je t'ai dit, par rapport à cette grêle et à la vache. Je vois que ton père s'en fait un grand tourment, même que je vois bien souvent la nuit, au lieu de dormir, qu'il y songe et se retourne bien des fois. Si tu ne peux pas nous envoyer la grosse somme, envoie-nous ce que tu pourras.

» Adieu, mon cher fils ; les gens du village s'informent beaucoup de toi, et de quand tu reviendras ; les voisins te disent un grand bonjour ; pour moi, tu sais que je n'ai plus de joie depuis que tu es parti.

» Je termine en t'embrassant, et Peyral aussi.

» Ta vieille mère qui t'adore,

» FRANÇOISE PEYRAL. »

8

JEAN s'accouda à la fenêtre, et se mit à rêver en regardant vaguement le grand décor africain qui se déroulait devant lui.

Les silhouettes pointues des cases yolofes, massées par centaines à ses pieds ; — au loin, la mer agitée et la ligne éternelle des brisants d'Afrique ; — un soleil jaune, près de disparaître, éclairant encore d'une lueur terne le désert à perte de vue, le sable sans fin ; — une caravane lointaine de Maures, des nuées d'oiseaux de proie planant dans l'air, — et, là-bas, un point où se fixaient ses yeux : le cimetière de Sorr, où déjà il avait conduit quelques-uns de ses camarades, montagnards comme lui, morts de la fièvre, sous ce climat maudit.

— Oh ! retourner là-bas, près de ses vieux parents ! habiter une petite maison avec Jeanne Méry, tout auprès du modeste toit paternel !... Pourquoi l'avait-on exilé sur cette terre d'Afrique ?... Quoi de commun entre lui et ce pays ? Et ce costume rouge et ce fez arabe, dont on l'avait affublé, et qui pourtant lui donnaient si grand air, — quel déguisement pour lui, pauvre petit paysan des Cévennes !

Et il resta là longtemps à songer ; il rêvait de son village, le pauvre guerrier du Sénégal... Le soleil couché, la nuit tomba, et ses idées s'en allèrent tout à fait au triste. Du côté de *N'dar-toute,* les coups précipités du tam-tam appelaient les nègres à la bamboula, et des feux s'allumaient dans les cases yolofes. C'était un soir de décembre, un vilain vent d'hiver se leva, chassant quelques tourbillons de sable, et fit courir un frisson, une impression inusitée de froid sur ce grand pays brûlé...

La porte s'ouvrit, et un chien fauve, aux oreilles droites, à la mine de chacal, un chien indigène de la race *laobé,* entra bruyamment et vint sauter autour de son maître.

En même temps, une jeune fille noire parut, gaie et rieuse, à la porte du logis ; elle fit un petit salut à ressort, révérence de négresse, brusque et comique, et dit : *Kéou !* (Bonjour !)

9

L<small>E</small> spahi lui jeta un regard distrait :

— Fatou-gaye, dit-il, dans un mélange de français créole et d'yolof, ouvre le coffre, que j'y prenne mon argent !

— Tes *khâliss !...* (tes pièces d'argent !), répondit Fatou-gaye, en ouvrant de grands yeux blancs dans les paupières noires. Tes *khâliss !...* répéta-t-elle, avec ce mélange de frayeur et d'effronterie des enfants pris en faute qui craignent d'être battus.

Et puis elle montra ses oreilles, auxquelles pendaient trois paires de boucles en or admirablement travaillées.

C'étaient de ces bijoux en or pur de Galam, d'une délicatesse merveilleuse, que les artistes noirs ont le secret de façonner à l'ombre de petites tentes basses, sous lesquelles ils travaillent mystérieusement, accroupis dans le sable du désert. Fatou-gaye venait d'acheter ces objets depuis longtemps convoités, et là étaient passés les *khâliss* du spahi : une centaine de francs amassés petit à petit, le fruit de ses pauvres économies de soldat, qu'il destinait à ses vieux parents.

Les yeux du spahi jetèrent un éclair, — et il prit sa cravache pour frapper, — mais son bras tomba désarmé. Il se calma vite, Jean Peyral ; il était doux, surtout avec les faibles.

Des reproches, il n'en fit pas ; il les savait inutiles. C'était sa faute aussi ; pourquoi n'avait-il pas mieux caché cet argent qu'il lui faudrait maintenant à tout prix trouver ailleurs ?

Fatou-gaye savait quelles caresses de chatte faire à son amant ; elle savait comment l'enlacer de ses bras noirs cerclés d'argent, beaux comme des bras de statue ; comment appuyer sa gorge nue sur le drap rouge de sa veste, pour exciter bientôt les désirs fiévreux qui amèneraient le pardon de sa faute...

Et le spahi se laissa nonchalamment tomber sur le *tara,* auprès d'elle, remettant au lendemain de chercher l'argent qu'on attendait là-bas, dans la chaumière de ses vieux parents...

PREMIÈRE PARTIE

PREMIÈRE PARTIE

1

IL y avait trois ans que Jean Peyral avait mis le pied sur
cette terre d'Afrique, — et depuis qu'il était là, une
grande transformation s'était faite en lui. Il avait passé
par plusieurs phases morales ; — les milieux, le climat,
la nature avaient exercé peu à peu sur sa tête jeune
toutes les influences énervantes ; — lentement, il s'était
senti glisser sur des pentes inconnues ; — et, aujour-
d'hui, il était l'amant de Fatou-gaye, jeune fille noire de
race khassonkée, qui avait jeté sur lui je ne sais quelle
séduction sensuelle et impure, je ne sais quel charme
d'amulette.

L'histoire du passé de Jean n'était pas bien compliquée.

A vingt ans, le *sort* l'avait pris à sa vieille mère qui
pleurait. Il était parti comme d'autres enfants de son
village, — en chantant très fort pour ne pas fondre en
larmes.

Sa haute taille l'avait fait désigner pour la cavalerie.
L'attrait mystérieux de l'inconnu lui avait fait choisir le
corps des spahis.

2

Son enfance s'était passée dans les Cévennes, — dans un village ignoré, au milieu des bois.

Au grand air pur des montagnes, il avait poussé comme un jeune chêne.

Les premières images gravées dans sa tête d'enfant avaient été saines et simples : son père et sa mère, deux figures chéries ; — et puis le foyer, une petite maison à la mode de l'ancien temps, sous des châtaigniers.

Dans son souvenir, tout cela était inscrit ineffaçable, à une place profonde et sacrée. Et puis il y avait les grands bois, les courses à l'aventure dans les sentiers pleins de mousse, — la liberté.

Pendant les premières années de sa vie, en dehors de ce village perdu où il était né, il ne connaissait rien du reste du monde ; pour lui, il n'y avait alentour que la campagne sauvage habitée par les pâtres, les jeteurs de sort de la montagne.

Dans ces bois où il allait vagabonder tout le jour, il avait des rêveries de petit solitaire, des contemplations de petit berger, — et puis tout à coup des envies folles de courir, de grimper, de casser des branches d'arbre, d'attraper des oiseaux.

Un mauvais souvenir, c'était l'école du village : un lieu noir où il fallait rester tranquille entre des murs. On avait renoncé à l'y envoyer : il s'échappait toujours.

Le dimanche, on lui donnait ses beaux habits de montagnard et il s'en allait à l'église avec sa mère, — en donnant la main à la petite Jeanne, qu'on prenait en passant chez l'oncle Méry. Après cela, il allait jouer aux boules dans un grand préau communal, sous des chênes.

Il savait qu'il était plus beau que les autres enfants et plus fort ; dans les jeux, c'était à lui qu'on obéissait, et il était habitué à trouver partout cette soumission.

Quand il était devenu plus grand, son indépendance

et ce besoin continuel de mouvement qu'il avait s'étaient beaucoup accentués. Il n'en faisait plus qu'à sa tête ; il était toujours en dommage, — détachait les chevaux pour aller galoper au loin, — braconnait en tout temps avec un vieux fusil qui ne partait pas, — et s'attirait des démêlés fréquents avec le garde champêtre, au grand désespoir de son oncle Méry, qui avait rêvé de lui apprendre un métier et de faire de lui un homme tranquille.

C'était vrai, il avait réellement été « un peu mauvais sujet dans les temps », et, au pays, on s'en souvenait toujours.

On l'aimait pourtant, même ceux qui en avaient le plus pâti, — parce qu'il avait le cœur franc et ouvert. On ne pouvait pas lui en vouloir bien sérieusement quand on voyait son bon sourire ; et puis, d'ailleurs, en lui parlant doucement, quand on savait le prendre, on le menait comme un enfant docile. L'oncle Méry, avec ses sermons et ses menaces, n'avait sur lui aucune influence ; mais quand sa mère le grondait et qu'il était sûr de lui avoir fait de la peine, il avait le cœur très gros, — et on voyait ce grand garçon, qui avait déjà l'air d'un homme, baisser la tête avec l'envie de pleurer.

Il était indompté, mais non libertin. Sa mine d'adolescent large et fort était fière et un peu sauvage. Dans son village, on était à l'abri des contagions malsaines, des dépravations précoces des étiolés de la ville. Si bien que, quand ses vingt ans vinrent à sonner et qu'il fallut entrer au service, Jean était aussi pur et presque aussi ignorant des choses de la vie qu'un tout petit enfant.

2

MAIS, après, les étonnements de toute sorte avaient commencé pour lui.

Il avait suivi ses nouveaux camarades dans des lieux

de débauche, où il avait appris à connaître l'amour au milieu de tout ce que la prostitution des grandes villes peut offrir de plus abject et de plus révoltant. La surprise, le dégoût, — et aussi l'attrait dévorant de cette nouveauté qui venait de lui être révélée, avaient beaucoup bouleversé sa jeune tête.

Et puis, après quelques jours d'une vie troublée, un navire l'avait emporté loin, bien loin sur la mer calme et bleue, — pour le déposer, étourdi et dépaysé, sur la côte du Sénégal.

3

Un jour de novembre, — à l'époque où les grands baobabs laissent tomber sur le sable leurs dernières feuilles, — Jean Peyral était venu là jeter son premier regard de curiosité sur un coin de la terre où le hasard de sa destinée le condamnait à passer cinq ans de sa vie.

L'étrangeté de ce pays avait frappé d'abord son imagination toute neuve. Et puis il avait senti très vivement le bonheur d'avoir un cheval ; — de friser sa moustache, qui allongeait très vite ; — de porter un bonnet d'Arabe, une veste rouge et un grand sabre.

Il s'était trouvé beau, et cela lui avait plu.

4

Novembre, — c'était la *belle saison,* correspondant à notre hiver de France ; la chaleur était moins forte, et le vent sec du désert avait succédé aux grands orages de l'été.

Quand la *belle saison* commence au Sénégal, on peut, en toute sécurité, camper en plein air, sans toit à sa tente. Pendant six mois, pas une goutte d'eau ne tombera sur ce pays ; chaque jour, sans trêve, sans merci, il sera brûlé par un soleil dévorant.

C'est la saison aimée des lézards ; — mais l'eau manque dans les citernes, les marais se dessèchent, l'herbe meurt, — et les cactus même, les nopals épineux n'ouvrent plus leurs tristes fleurs jaunes. Pourtant les soirées sont froides ; au coucher du soleil, se lève régulièrement une grande brise de mer qui fait gronder les éternels brisants des plages d'Afrique et secoue sans pitié les dernières feuilles d'automne.

Triste automne, qui n'amène avec lui ni les longues veillées de France, ni le charme des premières gelées, ni les récoltes, ni les fruits dorés. Jamais un fruit dans ce pays déshérité de Dieu ; les dattes du désert même lui sont refusées ; rien n'y mûrit, rien que les arachides et les pistaches amères.

Cette sensation de l'hiver qu'on éprouve là, par une chaleur encore torride, cause à l'imagination une impression étrange.

Grandes plaines chaudes, mornes, désolées, couvertes d'herbes mortes, où se dressent par-ci, par-là, à côté des maigres palmiers, les colossaux baobabs, qui sont comme les mastodontes du règne végétal et dont les branches nues sont habitées par des familles de vautours, de lézards et de chauves-souris.

5

L'ENNUI était venu vite trouver le pauvre Jean. C'était une sorte de mélancolie qu'il n'avait jamais éprouvée, vague, indéfinissable, la nostalgie de ses montagnes qui commençait, la nostalgie de son village et de la chaumière de ses vieux parents tant aimés.

Les spahis, ses nouveaux compagnons, avaient déjà traîné leur grand sabre dans différentes garnisons de l'Inde et de l'Algérie. Dans les estaminets des villes maritimes où ils avaient promené leur jeunesse, ils avaient pris ce tour d'esprit gouailleur et libertin qu'on ramasse en courant le monde ; ils possédaient, en argot, en sabir, en arabe, de cyniques plaisanteries toutes faites qu'ils jetaient à la face de toute chose. Braves garçons dans le fond, et joyeux camarades, ils avaient des façons d'être que Jean ne comprenait guère, et des plaisirs qui lui causaient une répugnance extrême.

Jean était rêveur, par nature de montagnard. La rêverie est inconnue à la populace abêtie et gangrenée des grandes villes. Mais, parmi les hommes élevés aux champs, parmi les marins, parmi les fils de pêcheurs qui ont grandi dans la barque paternelle au milieu des dangers de la mer, on rencontre des hommes qui *rêvent,* vrais poètes muets, qui peuvent tout comprendre. Seulement ils ne savent pas donner de forme à leurs impressions et restent incapables de les traduire.

Jean avait de grands loisirs à la caserne, et il les employait à observer, et à songer.

Chaque soir, il suivait la plage immense, les sables bleuâtres illuminés par des couchers de soleil inimaginables.

Il se baignait dans les grands brisants de la côte d'Afrique, s'amusant, comme un enfant qu'il était encore, à se faire rouler par ces lames énormes qui le couvraient de sable.

Ou bien il marchait longtemps, pour le seul plaisir de se remuer, d'aspirer à pleine poitrine l'air salé qui soufflait de la mer. Et puis aussi, cette platitude sans fin le gênait ; elle oppressait son imagination, habituée à contempler des montagnes ; il éprouvait comme un besoin d'avancer toujours, comme pour élargir son horizon, comme pour voir *au-delà*

La plage, au crépuscule, était couverte d'hommes noirs qui revenaient aux villages chargés de gerbes de mil. Les pêcheurs aussi ramenaient leurs filets entourés de bandes bruyantes de femmes et d'enfants. C'étaient toujours des pêches miraculeuses que ces pêches du Sénégal : les filets se rompaient sous le poids de milliers de poissons de toutes les formes ; les négresses en emportaient sur leur tête des corbeilles toutes pleines ; les bébés noirs rentraient au logis, tous coiffés d'une couronne de gros poissons grouillants, enfilés par les ouïes. Il y avait là des figures extraordinaires arrivant de l'intérieur, des caravanes pittoresques de Maures ou de Peuhles qui descendaient la *langue de Barbarie ;* des tableaux impossibles à chaque pas, chauffés à blanc par une lumière invraisemblable.

Et puis les crêtes des dunes bleues devenaient roses ; de dernières lueurs horizontales couraient sur tout ce pays de sable ; le soleil s'éteignait dans des vapeurs sanglantes, et alors tout ce peuple noir se jetait la face contre terre pour la prière du soir.

C'était l'heure sainte de l'Islam ; depuis la Mecque jusqu'à la côte saharienne, le nom de Mahomet, répété de bouche en bouche, passait comme un souffle mystérieux sur l'Afrique ; il s'obscurcissait peu à peu à travers le Soudan et venait mourir là sur ces lèvres noires, au bord de la grande mer agitée.

Les vieux prêtres yolofs, en robe flottante, tournés vers la mer sombre, récitaient leurs prières, le front dans le sable, et toutes ces plages étaient couvertes d'hommes prosternés. Le silence se faisait alors, et la nuit descendait, avec la rapidité propre aux pays du soleil.

A la tombée du jour, Jean rentrait au quartier des spahis, dans le sud de Saint-Louis.

Dans la grande salle blanche, ouverte au vent du soir, tout était silencieux et tranquille ; les lits numérotés des spahis étaient alignés le long des murailles nues ; la tiède brise de mer agitait leurs moustiquaires de mousseline. Les spahis étaient dehors ; Jean rentrait à l'heure où les autres se répandaient dans les rues désertes, courant à leurs plaisirs, à leurs amours.

C'est alors que le quartier isolé lui semblait triste, et qu'il songeait le plus à sa mère.

6

IL y avait dans le sud de Saint-Louis de vieilles maisons de brique, d'un aspect arabe, qui s'éclairaient le soir et jetaient encore sur les sables des traînées de lumière rouge, aux heures où tout dormait dans la ville morte. Il sortait de là d'étranges odeurs de nègre et d'alcool, le tout mélangé et développé par la chaleur torride ; il en sortait aussi la nuit des bruits d'enfer. Là, les spahis régnaient en maîtres ; là, les pauvres guerriers en veste rouge allaient faire tapage et s'étourdir ; absorber, par besoin ou par bravade, d'invraisemblables quantités d'alcool, user comme à plaisir la puissante sève de leur vie.

L'ignoble prostitution mulâtre les attendait dans ces bouges, et il se passait là d'extravagantes bacchanales, enfiévrées par l'absinthe et par le climat d'Afrique.

Mais Jean évitait avec horreur ces lieux de plaisir. Il était très sage et mettait de côté ses petites épargnes de soldat, les réservant déjà pour l'instant bienheureux du retour.

Il était très sage, et cependant ses camarades ne le raillaient point.

Le beau Muller, grand garçon alsacien qui faisait école au quartier des spahis, en raison de son passé de duels et d'aventures, le beau Muller l'avait pris en haute estime, et tout le monde était toujours du même avis que Fritz Muller. Mais le véritable ami de Jean, c'était Nyaor-fall, le spahi noir, un géant africain de la magnifique race Fouta-Diallonké : singulière figure impassible, avec un fin profil arabe et un sourire mystique à demeure sur ses lèvres minces : une belle statue de marbre noir.

Celui-là était l'ami de Jean ; il l'emmenait chez lui, dans son logis indigène de Guet-n'dar ; il le faisait asseoir entre ses femmes sur une natte blanche et lui offrait l'hospitalité nègre : le *kousskouss* et les *gourous*.

7

CHAQUE soir, à Saint-Louis, c'était le train de vie monotone des petites villes coloniales. La *belle saison* ramenait un peu d'animation dans ces rues de nécropole ; après le coucher du soleil, quelques femmes que la fièvre avait épargnées promenaient des toilettes européennes sur la place du Gouvernement ou dans l'allée des palmiers jaunes du Guet-n'dar ; cela jetait une impression d'Europe dans ce pays d'exil.

Sur cette grande place du Gouvernement, bordée de symétriques constructions blanches, on eût pu se croire dans quelque ville européenne du Midi, à part cet immense horizon de sable, cette platitude infinie, qui dessinait au loin sa ligne implacable.

Les rares promeneurs se connaissaient et se dévisageaient entre eux. Jean regardait ce monde, et ce monde aussi le regardait. Ce beau spahi qui se promenait seul, avec un air si grave et si sévère, intriguait les gens de Saint-Louis, qui supposaient dans sa vie quelque aventure de roman.

Une femme surtout regardait Jean, une femme qui était plus élégante que les autres et plus jolie.

C'était une mulâtresse, disait-on, mais si blanche, si blanche, qu'on eût dit une Parisienne.

Blanche et pâle, d'une pâleur espagnole, avec des cheveux d'un blond roux, — le blond des mulâtres, — et de grands yeux cerclés de bleu, qui se fermaient à demi, qui tournaient lentement, avec une langueur créole.

C'était la femme d'un riche traitant du fleuve. Mais, à Saint-Louis, on la désignait par son prénom, comme une fille de couleur, on l'appelait dédaigneusement Cora.

Elle revenait de Paris, les autres femmes pouvaient le voir à ses toilettes. Jean, lui n'était pas encore capable de définir cela, mais il s'apercevait bien que ses robes traînantes, même lorsqu'elles étaient simples, avaient quelque chose de particulier, une grâce que les autres n'avaient pas.

Il voyait surtout qu'elle était très belle, et, comme elle l'enveloppait toujours de son regard, il éprouvait une espèce de frisson quand il la rencontrait.

— Elle t'aime, Peyral, avait déclaré le beau Muller, avec son air entendu d'homme à bonnes fortunes et de coureur d'aventures.

8

ELLE l'aimait en effet, à sa manière de mulâtresse ; et, un jour, elle le manda dans sa maison pour le lui dire.

Pauvre Jean, les deux mois qui suivirent s'envolèrent pour lui au milieu de rêves enchantés. Ce luxe inconnu, cette femme élégante, parfumée, tout cela troublait étrangement sa tête ardente et son corps vierge. L'amour dont on ne lui avait montré jusque-là qu'une parodie cynique, maintenant l'enivrait...

Et tout cela lui avait été donné sans réserves, en une fois, comme les grandes fortunes des contes de fées. Cette pensée l'inquiétait pourtant ; cet aveu de cette femme, cette impudeur le révoltaient un peu quand il y songeait.

Mais il y songeait rarement, et, auprès d'elle, il était tout grisé d'amour.

Lui aussi, il s'essayait à des recherches de toilette ; lui aussi se parfumait, soignait sa moustache et ses cheveux bruns. Il lui semblait, comme à tous les amants jeunes, que la vie venait de s'ouvrir pour lui du jour où il avait rencontré sa maîtresse, et que toute son existence passée n'était rien.

9

CORA aussi l'aimait ; mais le cœur avait peu de part dans cet amour-là.

Mulâtresse de Bourbon, elle avait été élevée dans l'oisiveté sensuelle et le luxe des créoles riches, mais tenue à l'écart par les femmes blanches, avec un impitoyable dédain, repoussée partout comme *fille de couleur*. Le même préjugé de race l'avait suivie à Saint-Louis, bien qu'elle fût la femme d'un des plus considérables traitants du fleuve ; on la laissait de côté, comme une créature de rebut.

A Paris, elle avait eu nombre d'amants très raffinés : sa fortune lui avait permis de faire en France une figure convenable, de goûter au vice élégant et comme il faut.

A présent, elle avait assez des fines mains gantées, des airs étiolés des dandys, des mines romanesques et fatiguées. Elle avait pris Jean parce qu'il était large et fort ; elle aimait à sa façon cette belle plante inculte ; elle aimait ses manières rudes et naïves, et jusqu'à la grosse toile de sa chemise de soldat.

10

L'HABITATION de Cora était une immense maison de briques, ayant cet aspect un peu égyptien des vieux quartiers de Saint-Louis, et blanche comme un caravansérail arabe.

En bas, de grandes cours, où venaient s'accroupir dans le sable les chameaux et les Maures du désert, où grouillait un bizarre mélange de bétail, de chiens, d'autruches et d'esclaves noirs.

En haut, d'interminables vérandas soutenues par de massives colonnes carrées, comme les terrasses de Babylone

On montait aux appartements par des escaliers extérieurs en pierre blanche, d'un aspect monumental. Tout cela, délabré, triste comme tout ce qui est à Saint-Louis, ville qui a déjà son passé, colonie d'autrefois qui se meurt

Le salon avait un certain air de grandeur, avec ses dimensions seigneuriales et son ameublement du siècle dernier. Les lézards bleus le hantaient ; les chats, les perruches, les gazelles privées s'y poursuivaient sur les fines nattes de Guinée ; les servantes négresses, qui le traversaient d'un pas dolent en traînant leurs sandales, y laissaient d'âcres senteurs de soumaré et d'amulettes musquées. Tout cela respirait je ne sais quelle mélancolie d'exil et de solitude ; tout cela était triste, le soir surtout, quand les bruits de la vie se taisaient pour faire place à la plainte éternelle des brisants d'Afrique.

Dans la chambre de Cora, tout était plus riant et plus moderne. Les meubles et les tentures, récemment arrivés de Paris, y étalaient une élégance fraîche et confortable ; on y sentait des odeurs d'essences très fashionables, achetées chez les parfumeurs du boulevard.

C'était là que Jean passait ses heures d'ivresse. Cette chambre lui faisait l'effet d'un palais enchanté, dépassant tout ce que son imagination avait pu rêver de plus luxueux et de plus charmant.

Cette femme était devenue sa vie, tout son bonheur. Par un raffinement de créature blasée sur le plaisir, elle avait désiré posséder l'âme de Jean en même temps que son corps ; avec une chatterie de créole, elle avait joué, pour cet amant plus jeune qu'elle, une irrésistible comédie d'ingénuité et d'amour. Elle avait réussi : il lui appartenait bien tout entier.

11

UNE petite négresse très comique, à laquelle Jean ne prenait pas garde, habitait la maison de Cora en qualité de *captive*. Cette petite fille était Fatou-gaye.

Elle avait été tout dernièrement amenée à Saint-Louis et vendue comme esclave par des Maures Douaïch, qui l'avaient capturée, dans une de leurs razzias, au pays des Khassonkés.

Sa haute malice et son indépendance farouche lui avaient fait assigner un emploi très effacé dans la domesticité de la maison. On la considérait comme une petite peste, bouche inutile et acquisition déplorable.

N'ayant pas encore tout à fait l'âge nubile auquel les négresses de Saint-Louis jugent convenable de se vêtir, elle allait généralement toute nue, avec un chapelet de grigris au cou, et quelques grains de verroterie autour des reins. Sa tête était rasée avec le plus grand soin, sauf cinq toutes petites mèches, cordées et gommées, cinq petites queues raides, plantées à intervalles réguliers depuis le front jusqu'au bas de la nuque. Chacune de ces mèches se terminait par une perle de corail, à part celle du milieu, qui supportait un objet plus précieux : c'était un sequin d'or fort ancien qui avait dû jadis arriver d'Algérie par caravane et dont les pérégrinations à travers le Soudan avaient été sans doute très longues et très compliquées.

Sans cette coiffure saugrenue, on eût été frappé de la régularité des traits de Fatou-gaye. Le type khassonké dans toute sa pureté : une fine petite figure grecque, avec une peau lisse et noire comme de l'onyx poli, des

33

dents d'une blancheur éclatante, une extrême mobilité dans les yeux, deux larges prunelles de jais sans cesse en mouvement, roulant de droite et de gauche sur un fond d'une blancheur bleuâtre, entre deux paupières noires.

Quand Jean sortait de chez sa maîtresse, il rencontrait souvent cette petite créature.

Dès qu'elle l'apercevait, elle s'enroulait dans un pagne bleu — son vêtement de luxe, — et s'avançait en souriant ; avec cette petite voix grêle et flûtée des négresses, en prenant des intonations douces et câlines, en penchant la tête, en faisant des minauderies de ouistiti amoureux, elle disait :

— *May man coper, souma toubab* (Donne-moi cuivre, mon blanc). Traduisez : « Donne-moi un sou, donne-moi cuivre, mon blanc. »

C'était le refrain de toutes les petites filles de Saint-Louis ; Jean y était habitué. Quand il était de bonne humeur et qu'il avait un sou dans sa poche, il le donnait à Fatou-gaye.

Là n'était pas le singulier de l'aventure ; ce qui n'était pas ordinaire, c'est que Fatou-gaye, au lieu de s'acheter un morceau de sucre, comme les autres eussent pu le faire, allait se cacher dans un coin, et se mettait à coudre très soigneusement, dans les sachets de ses amulettes, les sous qui lui venaient du spahi.

12

UNE nuit de février, Jean eut un soupçon. Cora l'avait prié de se retirer à minuit, — et, au moment de partir, il avait cru entendre marcher dans une chambre voisine, comme s'il y eût là quelqu'un qui attendait.

A minuit, il s'en alla, — et puis il revint à pas de loup, marchant sans bruit dans le sable. Il escalada un mur, un balcon, — et regarda dans la chambre de Cora, par la porte entrebâillée de la terrasse.

Quelqu'un avait pris sa place auprès de sa maîtresse : un tout jeune homme, en costume d'officier de marine. Il était là comme chez lui, à demi couché dans un fauteuil, avec un air d'aisance et de dédain.

Elle était debout, et ils causaient...

D'abord, il semblait à Jean qu'ils parlaient une langue inconnue... C'étaient des mots français pourtant, mais il ne comprenait pas... Ces courtes phrases qu'ils s'envoyaient du bout des lèvres lui faisaient l'effet d'énigmes moqueuses, n'ayant pas de sens à sa portée... Cora aussi n'était plus la même, son expression avait changé ; une espèce de sourire passait sur ses lèvres, — un sourire comme il se rappelait en avoir vu à une grande fille dans un mauvais lieu.

Et Jean tremblait... Il lui semblait que tout son sang descendait et refluait au cœur ; dans sa tête, il entendait un bourdonnement, comme le bruit de la mer ; ses yeux devenaient troubles...

Il avait honte d'être là ; il voulait rester pourtant, — et comprendre...

Il entendit son nom prononcé ; — on parlait de lui... Il se rapprocha, appuyé au mur, et saisit des mots plus distincts :

— Vous avez tort, Cora, disait le jeune homme d'une voix très tranquille, avec un sourire à souffleter. — D'abord il est très beau, ce garçon, — et puis il vous aime, lui...

— C'est vrai, mais j'en voulais deux. — Je vous ai choisi parce que vous vous appelez Jean comme lui ; — sans cela, j'aurais été capable de me tromper de nom en lui parlant : je suis très distraite...

Et puis elle s'approcha du nouveau Jean.

Elle avait changé encore de ton et de visage ; avec toutes les câlineries traînantes, grasseyantes de l'accent créole, elle lui dit tout bas des mots d'enfant, et lui tendit ses lèvres, encore chaudes des baisers du spahi.

Mais lui avait vu la figure pâle de Jean Peyral, qui les regardait par la porte entrouverte, et, pour toute réponse, il le montra de la main à Cora...

Le spahi était là, immobile, pétrifié, fixant sur eux ses grands yeux hagards...

Et, quand il se vit regardé à son tour, il recula simplement dans l'ombre... Brusquement, Cora s'était avancée vers lui, — avec une expression hideuse de bête qu'on a dérangée dans ses amours ; — cette femme lui faisait peur... Elle était presque à le toucher... Elle ferma sa porte avec un geste de rage, poussa un verrou derrière, — et tout fut dit...

La mulâtresse, petite-fille d'esclave, venait de reparaître là avec son cynisme atroce, sous la femme élégante aux manières douces ; elle n'avait eu ni remords, ni peur, ni pitié...

La femme de couleur et son amant entendirent comme le bruit d'un corps s'affaissant lourdement sur la terre, un grand bruit sinistre dans ce silence de la nuit ; — et puis, plus tard, vers le matin, un sanglot derrière cette porte, — et comme un frôlement de mains qui cherchent dans l'obscurité...

Le spahi s'était relevé, et s'en allait à tâtons dans la nuit...

13

MARCHANT devant lui sans but comme un homme ivre, enfonçant jusqu'à la cheville dans le sable des rues désertes, Jean s'en alla jusqu'à Guet-n'dar, la ville nègre aux milliers de huttes pointues. — Il heurtait du pied, dans l'obscurité, des hommes et des femmes endormis par terre, roulés dans des pagnes blancs, qui lui faisaient l'effet d'un peuple de fantômes... Il marchait toujours, sentant sa tête perdue...

Bientôt il se trouva au bord de la mer sombre. Les brisants faisaient grand bruit ; — avec un frisson d'horreur, il distinguait le grouillement des crabes, qui fuyaient en masses compactes devant ses pas. — Il se souvenait d'avoir vu un cadavre roulé à la plage, déchiqueté et vidé par eux. Il ne voulait point de cette mort-là...

Pourtant ces brisants l'attiraient ; il se sentait comme fasciné, par ces grandes volutes brillantes, déjà argentées par la lueur indécise du matin, qui se déroulaient à perte de vue tout le long des grèves immenses... Il lui semblait que leur fraîcheur serait douce à sa tête qui brûlait, et que, dans cette humidité bienfaisante, la mort serait moins cruelle...

Et puis il se rappela sa mère, — et Jeanne, la petite amie et fiancée de son enfance. — Il ne voulait plus mourir.

Il se laissa tomber sur le sable et s'y endormit d'un lourd et étrange sommeil...

14

Il était grand jour depuis deux heures, — et Jean continuait de dormir.

Il rêvait de son enfance et des bois des Cévennes. Il faisait sombre dans ces bois, sombres de la mystérieuse obscurité des rêves ; les images étaient confuses comme les lointains souvenirs... Il était là, enfant, avec sa mère, à l'ombre des chênes séculaires ; — sur le sol couvert de lichens et de graminées fines, il ramassait des campanules bleues et des bruyères...

Et quand il s'éveilla, il regarda autour de lui, égaré...

Les sables étincelaient sous le soleil torride ; des femmes noires, ornées de colliers et d'amulettes, chemi-

naient sous le soleil brûlant, en chantant des airs
étranges ; de grands vautours passaient et repassaient
silencieusement dans l'air immobile, les sauterelles
faisaient grand bruit...

15

IL vit alors que sa tête était abritée sous un tendelet
d'étoffe bleue, que maintenaient une série de petits
bâtons piqués dans le sable, — le tout projetant sur lui,
avec des contours bizarres, une ombre nette et cen-
drée...

Il lui sembla que les dessins de ce pagne bleu lui
étaient déjà connus. — Il tourna la tête, et aperçut
derrière lui Fatou-gaye assise, roulant ses prunelles
mobiles.

C'était elle qui l'avait suivi, et qui avait tendu sur lui
son pagne de luxe.

Sans cet abri, certainement, il eût pris une insolation
mortelle, à dormir sur ce sable...

C'était elle qui, depuis plusieurs heures, était là
accroupie, en extase, — baisant tout doucement les
paupières de Jean quand personne ne passait ; —
craignant de l'éveiller, de le faire partir et de ne plus
l'avoir pour elle toute seule ; — tremblant aussi, par
instants, que Jean ne fût mort, — et heureuse, peut-
être, s'il l'eût été ; — car, alors, elle l'aurait traîné loin,
bien loin, et serait restée là tout le temps, jusqu'à
mourir près de lui, — en le tenant bien, pour qu'on ne
les séparât plus...

— C'est moi, dit-elle, mon blanc, j'ai fait cela parce
que je connais que le soleil de Saint-Louis n'est pas bon
pour les *toubabs* de France... Je le savais bien, continua
la petite créature, dans un jargon impayable, avec un
sérieux tragique, — qu'il y avait un autre toubab qui
venait la voir... Je ne m'étais pas couchée cette nuit

pour entendre. J'étais cachée dans l'escalier sous les calebasses. Quand tu es tombé à la porte, je t'ai vu. — Tout le temps je t'ai gardé. — Et puis, quand tu t'es levé, je t'ai suivi...

Jean leva sur elle ses grands yeux étonnés, pleins de douceur et de reconnaissance. — Il était touché jusqu'au fond du cœur.

— Ne le dis pas, petite... Rentre vite à présent, et ne le dis pas, que je suis venu me coucher sur la plage. — Retourne chez ta maîtresse tout de suite, petite Fatou ; moi aussi, je vais m'en retourner dans la maison des spahis...

Et il la caressait, la flattait tout doucement de la main, — absolument comme il s'y prenait pour gratter la nuque du gros matou câlin qui, à la caserne, venait la nuit se pelotonner sur son lit de soldat...

Elle, frissonnant sous la caresse innocente de Jean, la tête baissée, les yeux à demi fermés, la gorge pâmée, ramassa son pagne de luxe, le plia avec soin, et s'en alla toute tremblante de plaisir.

16

PAUVRE Jean ! Souffrir était pour lui une chose nouvelle ; il se révoltait contre cette puissance inconnue qui venait étreindre son cœur dans d'écrasants anneaux de fer.

Rage concentrée, rage contre ce jeune homme qu'il eût voulu briser dans ses mains, rage contre cette femme qu'il eût aimé meurtrir à coups d'éperons et de cravache ; il éprouvait tout cela en même temps que je ne sais quel besoin très matériel de mouvement et de course folle à se briser la tête.

Et puis, tous ces spahis aussi le gênaient et l'irritaient ; il sentait sur lui ces regards curieux, interrogateurs déjà, et qui demain deviendraient ironiques peut-être.

Vers le soir, il demanda et obtint de partir avec Nyaor-fall, pour aller essayer des chevaux, dans le nord de la pointe de Barbarie.

Ce fut, par un temps sombre, une galopade vertigineuse dans le sable du désert. Un ciel d'hiver, il y a là-bas aussi des ciels d'hiver, plus rares que les nôtres, étonnants et sinistres sur ce pays désolé : des nuages tout d'une pièce, si noirs et si bas, que là-dessous la plaine était blanche, le désert semblait une steppe de neige sans fin.

Et, quand les deux spahis passaient, avec leurs burnous, emportés par la course de leurs bêtes emballées, les vautours énormes qui se promenaient par terre en familles paresseuses prenaient un vol effaré et se mettaient à décrire dans l'air au-dessus d'eux des courbes fantastiques.

A la nuit, Jean et Nyaor rentrèrent au quartier baignés de sueur, avec leurs chevaux exténués.

17

MAIS, après cette surexcitation d'un jour, le lendemain vint la fièvre.

Le lendemain, on le coucha dans un brancard, sur son pauvre petit matelas gris, pour le porter à l'hôpital.

18

MIDI !... L'hôpital est silencieux comme une grande maison de la mort.

Midi !... La sauterelle crie. La femme nubienne chante de sa voix grêle la chanson somnolente et vague. Sur toute l'étendue des plaines désertes du Sénégal le soleil darde d'aplomb la lumière torride, les grands horizons miroitent et tremblent.

Midi !... L'hôpital est silencieux comme une grande maison de la mort. Les longues galeries blanches, les longs couloirs sont vides. Au milieu de la haute muraille nue, teinte de chaux éblouissante, l'horloge marque midi de ses deux lentes aiguilles de fer ; autour du cadran, pâlit au soleil la triste inscription grise : *Vitæ fugaces exhibet horas.* Les douze coups sonnent péniblement, de ce timbre affaibli, connu des mourants, de ce timbre que tous ceux qui sont venus là mourir entendaient dans leurs insomnies fébriles, comme un glas qui tinterait dans un air trop chaud pour conduire des sons.
Midi !... L'heure morne, où les malades meurent. On respire dans cet hôpital des lourdeurs de fièvre, comme d'indéfinissables effluves de mort.

En haut, dans une salle ouverte, des voix qui chuchotent tout bas, des bruits légers à peine perceptibles, des pas discrets de bonne sœur, marchant avec précaution sur des nattes. Elle va et vient d'un air agité, la sœur Pacôme, pâle et jaunie sous sa grande cornette. Il y a là aussi un médecin et un prêtre assis auprès d'un lit qu'entoure une moustiquaire blanche.
Au-dehors, par les fenêtres ouvertes, du soleil et du sable, du sable et du soleil, de lointaines lignes bleues et des étincellements de lumière.
Passera-t-il, le spahi ?... Est-ce le moment où l'âme de Jean va s'envoler, là, dans l'air accablant de midi ?... Si loin du foyer, où ira-t-elle se poser dans ces plaines désertes ?... où ira-t-elle s'évanouir ?...

Mais non. Le médecin, qui est resté là longtemps à attendre ce départ suprême, vient de se retirer doucement.

L'heure plus fraîche du soir est venue, et le vent du large apporte aux mourants son apaisement. Ce sera pour demain peut-être. Mais Jean est plus calme et sa tête est moins brûlante.

En bas, dans la rue, devant la porte, il y avait une petite négresse accroupie sur le sable, qui jouait aux osselets avec des cailloux blancs, pour se donner une contenance quand quelqu'un passait. Elle était là depuis le matin, cherchant à ne pas attirer l'attention, se dissimulant, de peur d'être chassée. Elle n'osait rien demander à personne ; mais elle savait bien que, si le spahi mourait, il passerait par cette porte pour aller au cimetière de Sorr.

19

IL eut encore la fièvre pendant une semaine, avec du délire chaque jour, à l'heure de midi. On avait peur encore, au redoublement de l'accès. Mais le danger était passé cependant, la maladie était vaincue.

Oh ! ces heures chaudes du milieu du jour, les heures qui pèsent le plus aux malades ! Ceux-là qui ont eu la fièvre au bord de ces fleuves d'Afrique les connaissent, ces heures mortelles d'engourdissement et de sommeil. Un peu avant midi, Jean s'endormait. C'était une sorte d'état de non-être, hanté par des visions confuses, avec une impression persistante de souffrance. Et puis, de temps à autre, il éprouvait la sensation de mourir et perdait pour un instant toute conscience de lui-même. C'étaient ses moments de calme.

Vers quatre heures, il s'éveillait et demandait de l'eau ; les visions s'effaçaient, se reculaient dans les coins éloignés de la chambre, derrière les rideaux blancs, s'évanouissaient. Il n'y avait plus que la tête qui lui faisait grand mal, comme si on y eût coulé du plomb brûlant ; mais l'accès était passé.

Parmi ces figures, douces ou grimaçantes, réelles ou imaginaires qui flottaient autour de lui, deux ou trois fois il avait cru reconnaître l'amant de Cora, qui, debout près du lit, le regardait avec douceur, et disparaissait dès que lui, Jean, levait ses yeux sur les siens. C'était un rêve, sans doute, comme ces gens de son village qu'il avait cru voir là, avec des mines étranges, des airs vagues et déformés. Mais, chose singulière, depuis qu'il lui avait semblé le voir ainsi, il ne se sentait plus de haine contre lui.

Un soir, mais non, il ne rêvait pas, ce soir-là, il le voyait bien là, devant lui avec le même uniforme qu'il portait chez Cora, ses deux galons d'officier brillant sur sa manche bleue. Il le regarda de ses grands yeux, en soulevant un peu la tête, et étendit son bras affaibli, comme pour toucher s'il y avait bien là quelqu'un.

Alors le jeune homme, voyant qu'il était reconnu, avant de disparaître comme de coutume, prit la main de Jean et la serra en disant simplement :

— Pardon !

Des larmes, les premières, vinrent aux yeux du spahi, et cela lui fit du bien.

20

La convalescence ne fut pas longue. Une fois la fièvre passée, la jeunesse et la force eurent bientôt fait de reprendre le dessus. Mais c'est égal, il ne pouvait pas oublier, le pauvre Jean, et il souffrait bien. Il avait par instants dans sa tête des désespoirs fous, des idées de vengeance presque sauvages ; et puis cela tombait vite, et il se disait ensuite qu'il serait capable de passer par toutes les humiliations qu'elle voudrait, pour la revoir et la posséder comme autrefois.

Son nouvel ami, l'officier de marine, revenait de temps en temps s'asseoir auprès de son lit. Il lui parlait un peu comme on parle à un enfant malade, bien qu'il fût à peine de son âge.

— Jean, dit-il un jour très doucement... Jean, vous savez, cette femme... si cela peut vous calmer, que je vous le dise, je vous donne ma parole d'honneur que je ne l'ai pas revue... depuis cette nuit que vous vous rappelez. Il y a bien des choses, voyez-vous, que vous ne savez pas encore, mon cher Jean ; plus tard, vous comprendrez, vous aussi, qu'il ne faut pas se faire autant de chagrin pour si peu. — D'ailleurs pour ce qui est de cette femme, je veux vous faire aussi le serment de ne la revoir jamais...

Ce fut entre eux la seule allusion faite à Cora, et cette promesse, en effet, calma Jean.

Oh ! oui, il comprenait bien maintenant, le pauvre spahi, qu'il devait y avoir *beaucoup de choses qu'il ne savait pas encore ;* qu'il devait y avoir, — à l'usage sans doute des gens d'un monde plus avancé que le sien, — des perversités tranquilles et raffinées qui dépassaient son imagination. Peu à peu pourtant il se mettait à aimer cet ami qu'il ne pouvait comprendre, — qui était doux après avoir été cynique, — qui envisageait toute chose avec un calme, une aisance inexplicables, et qui venait lui offrir sa protection d'officier comme compensation des angoisses qu'il lui avait causées.

Mais lui n'avait que faire des protections ; ni l'avancement ni rien ne le touchait plus ; son cœur, encore bien jeune, était tout rempli de l'amertume de ce premier désespoir.

21

C'ETAIT chez dame Virginie-Scolastique (les missionnaires ont quelquefois pour leurs néophytes de ces noms qui sont des trouvailles). Une heure de la nuit ; le cabaret était grand et sombre ; il était, comme d'ordinaire les mauvais lieux, fermé par d'épaisses portes garnies de fer.

Une petite lampe fétide éclairait un amas confus de choses, qui grouillaient péniblement dans l'atmosphère épaissie ; des vestes rouges et des nudités de chair noire, des enlacements étranges ; sur les tables, par terre, des verres brisés avec des bouteilles brisées ; des bonnets rouges et des boubous de nègre, traînant avec des sabres de spahi, dans des mares de bière et d'alcool. Dans le bouge, il régnait une température d'étuve, une chaleur à rendre fou, avec des fumées noires ou laiteuses, des odeurs d'absinthe, de musc, d'épices, de soumaré et de sueur nègre.

La fête avait dû être joyeuse, et bruyante surtout ; à présent, c'était fini, — finis les chants et le tapage ; — c'était la période d'affaiblissement, l'abrutissement après boire. Les spahis étaient là, les uns, l'œil morne, le front tombant sur la table, avec des sourires bêtes ; d'autres, encore dignes, se raidissant contre l'ivresse, relevant la tête quand même ; de belles figures aux traits énergiques dont l'œil éteint restait grave, avec je ne sais quelle expression de tristesse et d'écœurement.

Parmi eux, pêle-mêle, répartis au hasard, il y avait toute la séquelle de Virginie-Scolastique : des petites négresses de douze ans, et aussi des petits garçons !

Et, au-dehors, en prêtant l'oreille, on eût pu entendre dans le lointain le cri des chacals rôdant autour de ce cimetière de Sorr, où plusieurs de ceux qui étaient là avaient leur place déjà marquée sous le sable.

Dame Virginie, cuivrée et lippue, ses cheveux crépus dans un madras rouge, — ivre elle aussi, — épongeait du sang sur une tête blonde. Un grand spahi, à la figure jeune et rose, aux cheveux dorés comme les blés mûrs, était là étendu sans connaissance, avec une fente à la tête, et dame Virginie, aidée d'une goton noire, plus ivre qu'elle, épongeait avec de l'eau fraîche et des compresses vinaigrées. Ce n'était pas par sensibilité, oh ! non, mais par crainte de la police. Elle était vraiment inquiète, Virginie-Scolastique : le sang coulait toujours, il avait rempli tout un plat, il ne s'arrêtait pas, et la peur la dégrisait, la vieille...

Jean était assis dans un coin, le plus ivre de tous, mais raide sur son banc, l'œil fixe et vitré. C'était lui qui avait fait cette blessure, avec un loquet de fer arraché à une porte, et il tenait encore ce loquet dans sa main crispée, inconsciente du coup qu'elle avait porté.

Depuis un mois qu'il était guéri, on le voyait chaque soir traîner dans les bouges, au premier rang des débraillés et des ivres, s'essayant à de grands airs cyniques et débauchés. Il y avait encore beaucoup d'enfantillage dans son cas ; mais c'est égal, il avait parcouru un chemin terrible, depuis ce mois de souffrance. Il avait dévoré des romans où tout était nouveau pour son imagination, et il s'en était assimilé les extravagances malsaines. Et puis il avait parcouru le cercle des conquêtes faciles de Saint-Louis, mulâtresses ou blanches, dont sa beauté lui avait assuré la possession sans résistance.

Et puis surtout il s'était mis à boire !...

Oh ! vous qui vivez de la vie régulière de la famille, assis paisiblement chaque jour au foyer, ne jugez jamais les marins, les spahis, ceux que leur destinée a jetés, avec des natures ardentes, dans des conditions d'existence anormales, sur la grande mer ou dans les lointains pays du soleil, au milieu de privations inouïes, de convoitises, d'influences que vous ignorez. Ne jugez pas ces exilés ou ces errants, dont les souffrances, les joies, les impressions tourmentées vous sont inconnues.

Donc, Jean s'était mis à boire, et il buvait plus que les autres, il buvait effroyablement.

— Comment peut-il faire, disait-on autour de lui, lui qui n'en a pas l'habitude ?

C'était justement parce qu'il *n'en avait pas l'habitude*, que sa tête était plus forte, et que, pour le moment, il pouvait absorber davantage. Et cela le posait bien aux yeux de ses camarades.

Par exemple, il était resté presque chaste, le pauvre

Jean, malgré ses airs débraillés de grand enfant sauvage. Il n'avait pu se faire à l'ignoble prostitution noire, et, quand les pensionnaires de dame Virginie égaraient leurs mains sur lui, il les écartait du bout de sa cravache comme des animaux immondes, et les malheureuses petites créatures le considéraient comme une sorte d'homme-fétiche, dont elles n'approchaient plus.

Mais il était méchant quand il avait bu, il était terrible, avec sa tête perdue, et sa grande force physique déchaînée. Il avait frappé tout à l'heure pour une phrase moqueuse jetée au hasard sur ses amours, et puis il ne s'en souvenait plus, et restait là immobile, le regard atone, tenant toujours en main son loquet de porte sanglant.

Tout à coup son œil jeta un éclair ; c'était à la *vieille* qu'il en voulait maintenant, sans motif connu, pris d'une rage insensée d'homme ivre, et il se levait à demi, furieux et menaçant. Elle poussa un cri rauque, la *vieille*, elle eut une minute d'épouvante horrible :

— Tenez-le ! gémit-elle, aux êtres inertes qui dormaient déjà sous les tables...

Quelques têtes se soulevèrent, des mains molles, sans force, essayèrent de retenir Jean par sa veste. Le secours n'était pas efficace...

— A boire, vieille sorcière ! disait-il ; à boire, vieux diable de nuit !... Horreur de vieille, à boire !...

— Oui ! oui ! répondit-elle de sa voix étranglée par la peur. Oui ! c'est cela, à boire ! — Sam ! vite de l'absinthe pour le *finir*, de l'absinthe coupée d'eau-de-vie !

Elle ne regardait pas à la dépense, dans ces cas-là, dame Virginie.

Jean but d'un trait, lança son verre au mur, et retomba comme foudroyé...

Il était *fini, réussi*, comme disait la *vieille* ; il n'était plus dangereux.

Elle était forte, la vieille Scolastique, solidement charpentée, — et puis tout à fait dégrisée ; — avec l'aide de sa goton noire et de ses petites filles, elle enleva Jean comme une masse inerte, et puis, après avoir fait une visite rapide de ses poches pour enlever les dernières pièces de monnaie qu'elles pouvaient contenir, elle ouvrit la porte et le jeta dehors. Jean tomba comme un cadavre, les bras étendus, la figure dans le sable, — et la vieille, vomissant un torrent d'injures monstrueuses, d'ordures sauvages, tira sa porte, qui se referma lourdement avec un grand bruit de fer.

Le calme se fit. Le vent partait du cimetière, et, dans le grand silence du milieu de la nuit, on entendait distinctement la note aiguë des chacals, le concert sinistre des déterreurs de morts.

22

FRANÇOISE PEYRAL À SON FILS

« Mon cher fils,

NOUS ne recevons pas de réponse à notre lettre, et Peyral dit qu'il commence à être bien temps qu'il nous arrive quelque chose ; je vois qu'il pâlit beaucoup chaque fois que Toinou passe avec sa boîte et qu'il lui dit comme ça qu'il n'y a rien pour nous. Moi aussi, je m'en fais bien du souci. Mais je crois toujours que le bon Dieu garde mon cher garçon, comme je lui demande tant, et qu'il ne peut point lui arriver mal ni rien, par mauvaise conduite ni punition ; si c'était ça, je serais trop malheureuse.

» Ton père te fait dire qu'il lui passe des idées en tête, de ce qu'il a été, lui aussi, autrefois dans l'armée ; et, quand il était en garnison, il dit qu'il en a vu de rudes pour les jeunes gens qui ne sont pas bien raisonnables, par rapport à des camarades qui les entraînent à la boisson et à de méchantes femmes qui se tiennent là exprès pour les faire tomber dans le mal. Je te dis ça pour lui faire plaisir ; mais, moi, je sais que mon cher garçon est sage et qu'il a des idées dans le cœur qui l'éloigneront pour sûr de toutes ces vilaines choses.

» Le mois prochain, nous t'enverrons encore un peu d'argent ; je pense que, là-bas, il faut que tu payes bien des petites choses ; je sais bien que tu ne dépenses point inutilement quand tu penses à la peine que prend ton père ; quant à moi, la peine des femmes n'est pas grand-chose, et je parle pour lui, le cher homme. On cause toujours de toi à la veillée et *aux noix;* on ne passe guère de soirée sans causer de notre Jean ; tous les voisins te disent un grand bonjour.

» Mon cher fils, ton père et moi, nous t'embrassons de cœur : que le bon Dieu te garde !

» Ta mère,

» FRANÇOISE PEYRAL. »

Ce fut dans la prison du quartier, où il était enfermé *pour ivresse et s'être fait rapporter par la garde,* que Jean reçut cette lettre. — Par bonheur, la blessure du spahi à cheveux blonds n'était pas trop grave, et ni le blessé ni ses camarades n'avaient voulu dénoncer Peyral. — Jean, les vêtements maculés et pleins de sang, la chemise en lambeaux, avait encore dans la tête des fumées d'alcool ; il lui passait des brumes devant les yeux, et à peine il pouvait lire... Et puis il y avait maintenant un voile épais sur ses affections d'enfance et de famille ; ce voile, c'était Cora, son désespoir et ses passions. (Cela arrive ainsi à certaines périodes d'éblouissement et de vertige, — et puis le voile se dissipe et on en revient tout doucement à ce que l'on avait aimé.)

Malgré cela, cette pauvre lettre, si confiante, n'eut pas de peine à trouver le chemin de son cœur ; il la baisa pieusement et se mit à pleurer.

Et puis il se jura de ne plus boire ; — et, comme

l'habitude n'était pas invétérée, il put strictement se tenir à lui-même sa promesse : jamais il ne se grisa plus.

23

A quelques jours de là, une circonstance imprévue vint apporter dans la vie de Jean une diversion heureuse et nécessaire. L'ordre fut donné aux spahis d'aller s'établir, bêtes et gens, pour changer d'air, au campement de Dialamban, — à plusieurs milles dans le sud de Saint-Louis, près de l'embouchure du fleuve.

Le jour du départ, Fatou-gaye vint au quartier, avec son beau pagne bleu, faire une visite d'adieu à son ami, qui l'embrassa, pour la première fois, sur ses deux petites joues noires, — et, à la tombée de la nuit, les spahis se mirent en marche.

Quant à Cora, les premiers moments de surexcitation et de dépit passés, elle regretta ses amants : — à la vérité, elle les aimait tous deux, les deux Jean ; ils parlaient également à ses sens. — Traitée comme une divinité par le spahi, cela la changeait d'être traitée par l'autre comme ce qu'elle était, comme une fille. — Personne encore ne lui avait témoigné un mépris aussi calme, aussi complet — cette nouveauté lui plaisait.

Mais on ne la vit plus, à Saint-Louis, promener ses longues traînes sur le sable ; — un jour, elle partit en sourdine, expédiée par son mari, sur le conseil de l'autorité, pour un des comptoirs les plus éloignés du Sud. — Fatou-gaye avait parlé, sans doute, et, à Saint-Louis, on s'était ému du dernier scandale de cette femme.

24

UNE nuit calme de la fin de février, vraie nuit d'hiver, — calme et froide, après une journée brûlante.

La colonne des spahis, en route pour Dialamban, traverse au pas les plaines de Legbar. — La débandade est permise au goût et à la fantaisie de chacun, et Jean, qui s'est attardé à l'extrême arrière, chemine tranquillement en compagnie de son ami Nyaor...

Le Sahara et le Soudan ont de ces nuits froides, qui ont la splendeur claire de nos nuits d'hiver, avec plus de transparence et de lumière.

Un silence de mort règne sur tout ce pays. Le ciel est d'un bleu vert, sombre, profond, étoilé à l'infini. La lune éclaire comme le plein jour, et dessine les objets avec une étonnante netteté, dans des teintes roses...

Au loin, à perte de vue, des marécages, couverts de la triste végétation des palétuviers : ainsi est tout ce pays d'Afrique, depuis la rive gauche du fleuve jusqu'aux confins inaccessibles de la Guinée.

Sirius se lève, la lune est au zénith, — le silence fait peur...

Sur le sable rose s'élèvent les grandes euphorbes bleuâtres ; leur ombre est courte et dure, la lune découpe les moindres ombres des plantes avec une netteté figée et glaciale, pleine d'immobilité et de mystère.

Des brousses par-ci par-là, des fouillis obscurs, de grandes taches sombres sur le fond lumineux et rosé des sables ; — et puis des nappes d'eau croupissantes, avec des vapeurs qui planent au-dessus comme des fumées blanches : des miasmes de fièvre, plus délétères et plus subtils que ceux du jour. — On éprouve une pénétrante sensation de froid, — étrange après la chaleur de la journée ; — l'air humide est tout imprégné de l'odeur des grands marais...

Çà et là, le long du chemin, de grands squelettes contournés par la douleur ; des cadavres de chameaux, baignant dans un jus noir et fétide. — Ils sont là, en pleine lumière, riant à la lune, étalant avec impudence leur flanc déchiqueté par les vautours, leur éventrement hideux.

De temps à autre, un cri d'oiseau de marais, au milieu du calme immense.

De loin en loin, un baobab étend dans l'air immobile ses branches massives, comme un grand madrépore mort, un arbre de pierre, et la lune accuse avec une étonnante dureté de contours sa structure rigide de mastodonte, donnant à l'imagination l'impression de quelque chose d'inerte, de pétrifié et de froid.

Au milieu de leurs branches polies sont posées des masses noires : toujours les vautours ! De confiantes familles de vautours sont là, lourdement endormies ; elles laissent approcher Jean avec leur aplomb d'oiseaux fétiches. Et la lune jette sur leurs grandes ailes repliées des reflets bleus, des luisants de métal.

Et Jean s'étonne de voir pour la première fois tous les détails intimes de ce pays en pleine nuit.

A deux heures, un concert de cris, comme ceux des chiens qui *hurlent à la lune,* mais quelque chose de plus fauve, de plus grinçant, de plus étrangement sinistre. Dans ces nuits de Saint-Louis, quand le vent venait du côté des cimetières, quelquefois Jean avait cru entendre, de très loin, des gémissements pareils. Mais, ce soir, c'était là tout près, dans la brousse, que se chantait ce concert lugubre : des glapissements lamentables de chacals, mêlés à des miaulements suraigus et stridents d'hyènes. Une bataille entre deux bandes errantes, en maraude pour les chameaux morts.

— Qu'est-ce que c'est ? dit Jean au spahi noir.

Pressentiment peut-être, une sorte d'horreur s'emparait de lui. C'était bien là, tout près, dans la brousse, et le timbre de ces voix lui faisait passer des frissons dans la chair et dresser les cheveux sur la tête.

— Ceux qui sont morts, répondit Nyaor-fall, avec une pantomime expressive, ceux qui sont morts par terre, ces bêtes les cherchent pour les manger...

Et, pour dire *les manger,* il faisait le simulacre de mordre son bras noir avec ses dents fines et blanches.

Jean comprit et trembla. Depuis, chaque fois qu'il entendait, la nuit, les concerts lugubres, il se rappelait cette explication si clairement donnée par la mimique de Nyaor et lui qui, en plein jour, n'avait pas peur de grand-chose, il frissonnait et se sentait glacer par une de ces terreurs vagues et sombres de montagnard superstitieux.

Le bruit s'apaise, se perd dans l'éloignement ; il s'élève encore, plus voilé, d'un autre point de l'horizon, puis il s'éteint, et tout retombe dans le silence.

Sur les eaux dormantes, les vapeurs blanches s'épaississent à l'approche du matin, on se sent pénétré et transi par l'humidité glacée des marais. Sensation étrange : dans ce pays, il fait froid. La rosée tombe. La lune peu à peu s'abaisse à l'occident, se voile et s'éteint. La solitude serre le cœur.

Et puis enfin, là-bas à l'horizon, apparaissent des pointes de chaume : le village de Dialamban, où, au petit jour, les spahis doivent camper.

25

LE pays était désert aux environs du campement de Dialamban ; de grands marais d'eaux mortes qui n'en finissaient plus, ou bien de plaines de sable aride, où croissaient des mimosas rabougris.

Jean y faisait de longues promenades solitaires, avec son fusil sur l'épaule, — chassant ou rêvant, — toujours ses vagues rêveries de montagnard.

Il aimait aussi à remonter en pirogue les berges du fleuve aux eaux jaunes, ou à s'enfoncer dans le dédale des *marigots* sénagalais.

Des marais à perte de vue, où dormaient des eaux chaudes et tranquilles ; des rives où le sol traître était inaccessible au pied humain.

Des aigrettes blanches s'y promenaient gravement au milieu de la verdure monotone des humides palétuviers ; — de gros lézards-souffleurs y rampaient sur la vase ; — de gigantesques nénufars, des lotus blancs ou roses s'y épanouissaient au soleil tropical, pour le plus grand plaisir des yeux des caïmans et des aigles-pêcheurs.

Jean Peyral commençait presque à aimer ce pays.

26

LE mois de mai était arrivé.

Les spahis pliaient gaiement bagage. Ils ramassaient avec ardeur leurs tentes et leurs fourniments. Ils allaient rentrer à Saint-Louis, reprendre possession de leur grande caserne blanche, réparée et repeinte à la chaux vive, et retrouver tous leurs plaisirs : les mulâtresses et l'absinthe.

Le mois de mai ! dans notre pays de France, le beau mois de la verdure et des fleurs ! Mais, dans les campagnes mornes de Dialamban, rien n'avait verdi. Arbres ou herbages, tout ce qui n'avait pas pied dans l'eau jaune des marais restait flétri, desséché et sans vie. Depuis six mois, pas une goutte de pluie n'était tombée du ciel, et la terre avait affreusement soif.

Pourtant la température s'élevait, les grandes brises régulières du soir avaient cessé, et la saison d'hivernage allait commencer, la saison des chaleurs lourdes et des pluies torrentielles, la saison que, chaque année, les Européens du Sénégal voient revenir avec frayeur, parce qu'elle leur apporte la fièvre, l'anémie, et souvent la mort.

Cependant il faut avoir habité le *pays de la soif* pour comprendre les délices de cette première pluie, le bonheur qu'on éprouve à se faire mouiller par les larges gouttes de cette première ondée d'orage.

Oh ! la première *tornade !*... Dans un ciel immobile, plombé, une sorte de dôme sombre, un étrange *signe du ciel* monte de l'horizon.

Cela monte, monte toujours, affectant des formes inusitées, effrayantes. On dirait d'abord l'éruption d'un volcan gigantesque, l'explosion de tout un monde. De grands arcs se dessinent dans le ciel, montent toujours, se superposent avec des contours nets, des masses opaques et lourdes ; on dirait des voûtes de pierre près de s'effondrer sur le monde et tout cela s'éclaire par en dessous de lueurs métalliques, blêmes, verdâtres ou cuivrées, et monte toujours.

Les artistes qui ont peint le *déluge,* les cataclysmes du monde primitif, n'ont pas imaginé d'aspects aussi fantastiques, de ciels aussi terrifiants.

Et toujours, pas un souffle dans l'air, pas un frémissement dans la nature accablée.

Puis tout à coup une grande rafale terrible, un coup de fouet formidable couche les arbres, les herbes, les oiseaux, fait tourbillonner les vautours affolés, renverse tout sur son passage. C'est la tornade qui se déchaîne, tout tremble et s'ébranle ; la nature se tord sous la puissance effroyable du météore qui passe.

Pendant vingt minutes environ, toutes les cataractes du ciel sont ouvertes sur la terre ; une pluie diluvienne rafraîchit le sol altéré d'Afrique, et le vent souffle avec furie, jonchant la terre de feuilles, de branches et de débris.

Et puis, brusquement tout s'apaise. C'est fini. Les dernières rafales chassent les derniers nuages aux teintes de cuivre, balayent les derniers lambeaux déchiquetés du cataclysme, le météore est passé et le ciel redevient pur, immobile et bleu.

La première tornade surprit les spahis en route, et ce fut une débandade bruyante et joyeuse.

Le village de Touroukambé était là sur le chemin ; on y courut en désordre.

Les femmes qui pilaient le mil, les enfants qui jouaient dans la brousse, les poules qui picoraient, les chiens qui dormaient au soleil, tous, rentrés précipitamment, entassés sous les minces toits pointus.

Et les cases, déjà trop étroites, envahies par les spahis, qui marchent dans les calebasses, qui chavirent les kousskouss ; les uns embrassant les petites filles ; les autres mettant, comme de grands enfants, le nez dehors pour le plaisir de se faire mouiller, de sentir l'eau du ciel ruisseler sur leur tête chaude et écervelée ; et les chevaux, amarrés à la diable, hennissant, piaffant et ruant de peur ; et les chiens jappant, et les chèvres, les moutons, tous les bestiaux du village se serrant aux portes, bêlant, sautant, poussant de la tête et des cornes, pour entrer, eux aussi, et réclamer leur part de protection et d'abri.

Un discordant tapage, des cris, des éclats de rire de négresses, le bruit sifflant du vent de la tempête, et le tonnerre couvrant le tout de son artillerie formidable. Une grande confusion sous un ciel noir ; l'obscurité en plein jour, déchirée par de rapides et fulgurantes lueurs vertes ; et la pluie à torrents, le déluge dégringolant à plaisir, entrant par toutes les fentes du chaume desséché, jetant par-ci par-là une grande douche inattendue sur le dos d'un chat perché, d'une poule effarée, ou sur la tête d'un spahi.

Quand la tornade fut passée et l'ordre rétabli, on se remit en route, par les sentiers détrempés. Dans le clair ciel bleu s'enfuyaient encore de derniers petits nuages bizarres, qui semblaient des choses compactes, des lambeaux déchirés, tordus et papillotés de draperies brunes. De puissantes senteurs inconnues sortaient de la terre altérée au contact de ces premières gouttes d'eau. La nature allait commencer ses enfantements.

27

A l'entrée de Saint-Louis, Fatou-gaye était postée depuis le matin, pour ne pas manquer l'arrivée de la colonne.

Quand elle vit Jean passer, elle le salua d'un « kéou » discret, accompagné d'une petite révérence très comme il faut. Elle ne voulut pas l'inquiéter davantage dans les rangs et eut le bon goût d'attendre deux grandes heures pour venir lui présenter ses compliments au quartier.

Fatou avait beaucoup changé. En trois mois, elle avait grandi et s'était développée tout d'un coup, comme font les plantes de son pays.

Elle ne demandait plus de sous. Elle avait même acquis une certaine grâce de timidité qui sentait la jeune fille.

Un *boubou* de mousseline blanche couvrait maintenant sa poitrine arrondie, comme cela est d'usage pour les petites filles qui deviennent nubiles. Elle sentait très bien le musc et le soumaré.

Plus de petites queues raides sur la tête ; elle laissait pousser ses cheveux, qui allaient dans quelque temps être livrés aux mains habiles des coiffeuses pour devenir l'échafaudage compliqué qui doit surmonter la tête d'une femme africaine.

Pour le moment, trop courts encore, ils s'épanouissaient en masses ébouriffées et crépues, et cela changeait absolument sa physionomie, qui, de gentille et comique, était devenue gracieuse et originale, presque charmante.

Mélange de jeune fille, d'enfant et de diablotin noir, très bizarre petite personne !

— Elle est jolie, la petite, sais-tu, Peyral ! disaient en souriant les spahis.

Jean s'en était bien aperçu qu'elle était jolie ; mais, pour le moment, cela lui était à peu près égal.

Il essaya de reprendre tranquillement son train de vie d'autrefois, ses promenades à la plage et ses longues courses dans la campagne.

Ces mois de calme et de rêverie qu'il venait de passer au campement lui avaient fait du bien. Il avait à peu près retrouvé son équilibre moral ; l'image de ses vieux parents, de sa toute jeune fiancée l'attendant, confiante, au village, avait repris sur lui tout leur charme honnête, tout leur empire. Il avait bien fini ses enfantillages et ses bravades, et, à présent, il ne s'expliquait plus comment dame Virginie avait pu le compter parmi ses clients. Non seulement il s'était juré de ne plus boire d'absinthe, mais aussi de rester maintenant fidèle à sa fiancée, jusqu'au bienheureux jour de leur mariage.

28

L'AIR était chargé d'effluves lourds et brûlants de senteurs vitales, de parfums de jeunes plantes. — La nature se dépêchait d'accomplir ses enfantements prodigieux.

Autrefois Jean, aux premiers moments de son arrivée, avait jeté un même regard de dégoût sur cette population noire : à ses yeux, tous se ressemblaient ; c'était toujours pour lui le même masque simiesque, et, sous ce poli d'ébène huilé, il n'eût pas su reconnaître un individu d'un autre.

Peu à peu pourtant il s'était fait à ces visages ; maintenant il les distinguait ; en voyant passer les filles noires aux bracelets d'argent, il les comparait : il trouvait celle-ci laide, celle-là jolie, — celle-ci fine, celle-là bestiale ; — les négresses avaient pour lui une physionomie tout comme les femmes blanches, et lui répugnaient moins.

29

JUIN ! — C'était bien un printemps — mais un printemps de là-bas, rapide, enfiévré, avec des odeurs énervantes, des lourdeurs d'orage.

C'était le retour des papillons, des oiseaux, de la vie ; les colibris avaient quitté leur robe grise pour reprendre leurs couleurs éclatantes de l'été. — Tout verdissait comme par enchantement ; — un peu d'ombre tiède et molle descendait maintenant des arbres feuillus sur le sol humide ; les mimosas, fleuris à profusion, ressemblaient à d'énormes bouquets, à de grosses houppes roses ou orangées, dans lesquelles les colibris chantaient de leur toute petite voix douce, pareille à la voix des hirondelles qui jaseraient en sourdine ; — les lourds baobabs eux-mêmes avaient revêtu pour quelques jours un frais feuillage, d'un vert pâle et tendre... Dans la campagne, le sol s'était couvert de fleurs singulières, de graminées folles, de daturas aux larges calices odorants ; — et les ondées qui tombaient sur tout cela étaient chaudes et parfumées — et, le soir, sur les hauts herbages nés de la veille dansaient en rond les lucioles éphémères, semblables à des étincelles de phosphore...

Et la nature s'était tant hâtée d'enfanter tout cela, qu'en huit jours elle avait tout donné.

30

CHAQUE soir, toujours, Jean rencontrait sur son chemin la petite Fatou, avec sa tête ébouriffée de mouton noir. Les cheveux poussaient vite, — comme les herbes, — et bientôt les coiffeuses habiles allaient pouvoir en tirer parti.

31

ON se mariait beaucoup, à ce printemps. — Souvent le soir, pendant ces nuits énervantes de juin, Jean rencontrait de ces cortèges de noces, qui s'en allaient défilant sur le sable en longues processions fantastiques , — tout ce monde, chantait, et le concert de toutes ces voix de fausset simiesques était accompagné à contre-temps par des battements de mains et des coups de tam-tam. — Ces chants, cette gaieté nègre avaient quelque chose de lourdement voluptueux et de bestialement sensuel.

Jean visitait souvent à Guet-n'dar son ami Nyaor, — et ces scènes d'intérieur yolof, de vie en commun, le troublaient aussi... Comme il se sentait seul, lui, isolé de ses semblables sur cette terre maudite !... Il songeait à celle qu'il aimait d'un chaste amour d'enfance, à Jeanne Méry... Hélas ! — six mois seulement qu'il était en Afrique !... Attendre encore plus de quatre années avant de la revoir !... Il commençait à se dire que le courage lui manquerait peut-être pour continuer de vivre seul, que bientôt à toutes forces il lui faudrait quelqu'un pour l'aider à passer son temps d'exil. Mais qui ?...

Fatou-gaye peut-être ?... Allons donc !... Quelle profanation de lui-même !... Et puis ressembler à ses camarades, les clients de la vieille Virginie !... Violer comme eux des petites filles noires ! — Il avait une sorte de dignité, de pudeur instinctive, lui, qui l'avait préservé jusque-là de ces entraînements de sensualité pervertie · — jamais il ne pourrait descendre aussi bas.

32

Il se promenait chaque soir, il marchait beaucoup...
— Les ondées d'orage continuaient à tomber... — Les
grands marais fétides, les eaux stagnantes, saturées de
miasmes de fièvre, gagnaient du terrain chaque jour ;
une haute végétation herbacée couvrait maintenant ce
pays de sable... — Le soir, le soleil était comme pâli par
un excès débilitant de chaleur et d'émanations délétères... Aux heures où se couchait ce soleil jaune, quand
Jean se trouvait seul au milieu de ces marécages désolés
où tout était neuf et étrange pour son imagination, une
tristesse inexplicable s'emparait de lui... Il promenait
ses regards tout autour du grand horizon plat sur lequel
pesaient des vapeurs immobiles ; il ne comprenait pas
bien ce qu'il y avait, dans cette physionomie des choses,
de morne et d'anormal qui pût lui serrer ainsi le cœur.

Au-dessus des graminées humides couraient des
nuées de libellules aux grandes ailes tachées de noir, —
en même temps que des oiseaux dont le chant lui était
inconnu s'appelaient plaintivement sous les hautes
herbes... Et l'éternelle tristesse de la terre de Cham
planait sur tout cela.

A ces heures crépusculaires, ces marais d'Afrique au
printemps avaient une tristesse qu'on ne saurait exprimer avec des mots d'aucune langue humaine...

33

Anamalis *fobil !* — hurlaient les *Griots* en frappant sur leur tam-tam, — l'œil enflammé, les muscles
tendus, le torse ruisselant de sueur...

Et tout le monde répétait en frappant des mains, avec

frénésie : *Anamalis fobil!* — *Anamalis fobil!*... la traduction en brûlerait ces pages... *Anamalis fobil!* les premiers mots, la dominante et le refrain d'un chant endiablé, ivre d'ardeur et de licence, — le chant des bamboulas du printemps!...

Anamalis fobil! hurlement de désir effréné, — de sève noire surchauffée au soleil et d'hystérie torride... alleluia d'amour nègre, hymne de séduction chanté aussi par la nature, par l'air, par la terre, par les plantes, par les parfums!

Aux bamboulas du printemps, les jeunes garçons se mêlaient aux jeunes filles qui venaient de prendre en grande pompe leur costume nubile, et, sur un rythme fou, sur des notes enragées, — ils chantaient tous, en dansant sur le sable : *Anamalis fobil!*...

34

ANAMALIS *fobil!* — Tous les gros bourgeons laiteux des baobabs s'étaient épanouis en feuilles tendres!...

Et Jean sentait que ce printemps nègre lui brûlait le sang, qu'il courait comme un poison dévorant dans ses veines... Le renouveau de toute cette vie l'énervait, lui, — parce que cette vie n'était pas la sienne : chez les hommes, le sang qui bouillonnait était noir ; chez les plantes, la sève qui montait était empoisonnée ; les fleurs avaient des parfums dangereux, et les bêtes étaient gonflées de venin... Chez lui aussi, la sève montait, la sève de ses vingt-deux ans, — mais d'une manière fiévreuse qui en fatiguait la source, — et à la longue, il se serait senti mourir de ce renouveau terrible...

Anamalis fobil!... Comme ce printemps marchait vite!... Juin allait à peine finir, et déjà, sous l'influence d'une chaleur mortelle, dans une atmosphère qui n'était plus viable, déjà les feuilles étaient jaunies, les plantes étaient mourantes, et les graminées trop mûres retombaient sur le sol...

35

ANAMALIS *fobil!*... Il est de ces fruits âcres, amers, des pays chauds, — les *gourous* du Sénégal, par exemple, — détestables sous nos latitudes pâles, mais qui sont appropriés là-bas à certains états de soif ou de souffrance, que l'on peut convoiter avec ardeur, et qui vous semblent étrangement exquis... Ainsi était cette petite créature, avec sa tête ébouriffée de mouton noir, le modelé de marbre de sa chair, — et ses yeux d'émail qui savaient déjà ce qu'ils demandaient de Jean, et qui pourtant s'abaissaient devant lui par un jeu enfantin de timidité et de pudeur. — Fruit savoureux du Soudan, mûri hâtivement par le printemps tropical, gonflé de sucs toxiques, rempli de voluptés malsaines, enfiévrées, inconnues...

36

ANAMALIS *fobil!*
Jean avait fait à la hâte, un peu comme un fou, sa toilette du soir.
Le matin, il avait dit à Fatou d'aller à la nuit tombante l'attendre au pied d'un certain baobab isolé, dans les maris de Sorr.

Et puis, avant de s'en aller, il s'était accoudé, la tête fort troublée, à l'une des grandes fenêtres de la caserne — pour réfléchir encore un moment, — réfléchir si possible en respirant un peu d'air moins lourd. Il tremblait de ce qu'il allait faire.

S'il avait résisté quelques jours, c'était par suite des sentiments très compliqués qui luttaient en lui-même : une sorte d'horreur instinctive se mêlait encore à l'entraînement terrible de ses sens. Et puis il y avait de la superstition un peu aussi, superstition d'enfant montagnard, — vague frayeur de *sorts* et d'amulettes, crainte de je ne sais quels enchantements, quels liens ténébreux.

Il lui semblait qu'il allait franchir un seuil fatal, signer avec cette race noire une sorte de pacte funeste ; — que des voiles plus sombres allaient descendre entre lui et sa mère et sa fiancée, et tout ce qu'il avait laissé là-bas de regretté et de chéri.

Un chaud crépuscule tombait sur le fleuve ; la vieille ville blanche devenait rose dans ses lumières et bleue dans ses ombres ; de longues files de chameaux cheminaient dans la plaine, prenant au nord la route du désert.

On entendait déjà le tam-tam des *griots* et le chant des désirs effrénés qui commençait dans le lointain : *Anamalis fobil ! — Faramata hi !...*

L'heure fixée à Fatou-gaye était presque passée, — et Jean partit en courant pour la rejoindre au marais de Sorr.

Anamalis fobil !... Faramata hi !...
Sur leur hyménée étrange un baobab isolé jetait son ombre, le ciel jaune étendait sa voûte immobile, morne, irrespirable, chargée d'électricité, d'émanations terrestres, de substances vitales.

Il faudrait, pour peindre cette couche nuptiale, prendre des couleurs si chaudes, qu'aucune palette n'en pourrait fournir de semblables, — prendre des mots africains, — prendre des sons, des bruissements et surtout du silence, — prendre toutes les senteurs du Sénégal, — prendre de l'orage et du feu sombre, — de la transparence et de l'obscurité.

Et pourtant il n'y avait là qu'un baobab solitaire, au milieu d'une grande plaine d'herbages.

Et Jean, dans son délire d'ivresse, éprouvait encore une sorte d'intime horreur, en voyant sur ce fond d'obscurité crépusculaire trancher le noir plus intense de l'épousée, — en voyant là, tout près de ses yeux à lui, briller l'émail mouvant des yeux de Fatou.

De grandes chauves-souris passaient au-dessus d'eux sans bruit ; leur vol soyeux semblait un papillonnement rapide d'étoffe noire. — Elles les approchaient jusqu'à les effleurer ; — leur curiosité de chauves-souris était très excitée, — parce que Fatou avait un pagne blanc qui tranchait sur l'herbe rousse...

Anamalis fobil !... Faramata hi !...

DEUXIÈME PARTIE

1

TROIS ans avaient passé...

Trois fois étaient revenus le printemps terrible et l'hivernage, — trois fois, la *saison de la soif* avec les nuits froides et le vent du désert...

... Jean dormait, étendu sur son tara, dans son logis blanc de la maison de Sambat-Hamet ; — son *laobé* jaune était couché près de lui, — les pattes de devant allongées, le museau tendu sur les pattes, la langue pendante et altérée, — immobile, avec les yeux ouverts, — ayant l'attitude et l'expression des chacals hiératiques dans les temples égyptiens...

Et Fatou-gaye était aux pieds de Jean, par terre.

Midi, l'heure silencieuse de la sieste... Il faisait chaud, chaud, étrangement chaud... Rappelez-vous les midis écrasants de juillet, et imaginez beaucoup plus de chaleur encore et plus de lumière... — C'était une journée de décembre. Le vent du désert soufflait tout doucement, avec sa régularité inévitable de chaque jour. — Et tout était desséché et mort. — Et sur ce sable, ce vent traçait à l'infini des milliers et des milliers de petites stries ondulées, mouvantes, qui étaient comme les vagues minuscules de la grande *mer-sans-eau*...

Fatou-gaye était couchée sur le ventre, appuyée sur ses coudes ; elle avait le torse nu, — costume d'intérieur, — et son dos poli se relevait en courbe gracieuse, depuis ses reins cambrés jusqu'à l'extraordinaire édifice d'ambre et de corail qui composait sa coiffure.

Autour de la case de Samba-Hamet, du silence, d'imperceptibles bruissements de lézards ou de moucherons, — des éblouissements de sable...

Et, le menton reposant dans ses deux mains, Fatou à moitié endormie chantait tout bas. Elle chantait des airs que jamais nulle part elle n'avait entendus, mais que pourtant elle ne composait pas. C'étaient sa rêverie énervée, son assoupissement voluptueux qui se traduisaient d'eux-mêmes en sons de musique, somnolents et bizarres : — action réflexe ; — effet produit sur son cerveau de petite fille noire par tout cet accablement des choses, — qui débordait sous forme de chant...

Oh ! dans cette sonorité de midi, dans ce demi-sommeil fébrile de la sieste, — comme vibre et pleure un chant vague, inconscient, résultat *des choses,* — paraphrase du silence et de la chaleur, — de la solitude et de l'exil !

... Entre Jean et Fatou la paix est faite. — Jean a pardonné, comme toujours, — l'histoire des *khâliss* et des boucles d'oreilles en or de Galam est absolument finie.

L'argent est trouvé d'ailleurs, et parti pour la France. — C'est Nyaor qui l'a prêté — en grosses pièces blanches à effigies fort anciennes qu'il tenait, avec beaucoup d'autres, enfermées dans un coffre de cuivre. — On les lui rendra quand on pourra ; — c'est une préoccupation pour Jean, il est vrai, — mais, au moins, ses chers vieux parents qui avaient compté sur lui n'en manqueront pas et seront tranquilles.

Le reste est secondaire.

Endormi sur son tara, avec son esclave couchée à ses pieds, Jean a je ne sais quelle nonchalance superbe, quel faux air de prince arabe. — Plus rien du petit montagnard des Cévennes. — Il a pris quelque chose de la majesté pauvre des *fils de la tente*.

Ces trois années de Sénégal, qui ont fauché deçà et delà dans les rangs des spahis, l'ont épargné lui. — Il a beaucoup bruni seulement, mais sa force s'est développée, ses traits se sont épurés, accentués encore dans tout ce qu'ils avaient de fin et de beau...

Une sorte d'atonie morale, des périodes d'indifférence et d'oubli, une sorte de sommeil du cœur avec, tout à coup, des réveils de souffrance, c'est là tout ce que ces trois années ont pu faire. Le climat du Sénégal n'a pas eu autrement prise sur sa nature puissante.

Il est devenu peu à peu un soldat modèle, ponctuel, vigilant et brave. Et pourtant il n'a encore sur sa manche que de modestes galons de laine. Les galons dorés de *maréchal des logis* qu'on a souvent fait briller à ses yeux lui ont toujours été refusés. Pas de protecteurs, d'abord, et puis surtout, oh ! scandale, vivre avec une femme noire !...

S'enivrer, faire tapage, se faire rapporter la tête fendue, donner la nuit dans les rues, étant gris, des coups de sabre aux passants, traîner dans tous les bouges, user de toutes les prostitutions, tout cela est fort bien. — Mais avoir, pour soi tout seul, détourné du sentier de la vertu une petite captive de bonne maison, munie du sacrement du baptême, — voilà qui ne saurait être admis...

Sur ce sujet-là, Jean avait autrefois reçu de ses chefs des admonestations très violentes, avec des menaces terribles et des injures. — Devant l'orage, il avait découvert sa tête fière, et puis il avait écouté avec le stoïcisme commandé par la discipline, dissimulant, sous un certain air de contrition, l'envie folle qui le prenait de se servir de sa cravache. — Mais, après, il n'en avait fait ni plus ni moins...

Un peu plus de dissimulation peut-être pendant quelques jours, — mais il avait gardé Fatou.

Ce qui se passait dans son cœur au sujet de cette petite créature était si compliqué, que de plus habiles que lui eussent perdu leur peine en cherchant à s'y reconnaître.
— Lui s'abandonnait sans comprendre, comme à un charme perfide d'amulette. Il était sans force pour se séparer d'elle. Les voiles s'épaississaient peu à peu sur son passé et ses souvenirs; il se laissait maintenant conduire sans résistance où le menait son cœur troublé, indécis, dévoyé par la séparation et l'exil...

... Et, tous les jours, tous les jours, ce soleil!... Tous les matins, le voir se lever avec une régularité inexorable, à la même heure, sans nuages et sans fraîcheur, ce large soleil jaune ou rouge, que les horizons plats permettaient de voir surgir tout d'en bas comme sur la mer, et qui, à peine levé, commençait à envoyer à la tête, aux tempes, l'impression pénible et lourde de son flamboiement.

Il y avait deux ans que Jean et Fatou habitaient ensemble la maison de Samba-Hamet. Au quartier des spahis, on avait fini, de guerre lasse, par admettre ce qu'on n'avait pu empêcher. — Jean Peyral, en somme, était un spahi exemplaire; seulement il était bien entendu qu'à perpétuité il resterait voué à ses modestes galons de laine, qu'il n'irait jamais plus loin.

Fatou, dans la maison de Cora, était captive et non esclave, distinction essentielle établie par les règlements de la colonie, et que de très bonne heure elle avait saisie.
— Captive, elle avait le droit de s'en aller, bien qu'on n'eût pas celui de la chasser. — Mais, une fois dehors de sa propre volonté, elle était libre, — et elle avait usé de ce droit-là.

En outre, elle était baptisée, et c'était une liberté de plus. Dans sa petite tête, rusée comme celle d'un jeune singe, tout cela était bien entré et bien compris. Pour une femme qui n'a pas abjuré la religion du Maghreb, se donner à un homme blanc est une action ignominieuse, punie par toutes les huées publiques. — Mais pour Fatou, ce préjugé terrible n'existait plus.

Il est vrai que ses pareilles quelquefois l'appelaient :

Keffir ! — et cela lui était sensible, à la singulière petite. — Quand elle voyait arriver de l'intérieur ces bandes de *Khassonkés* qu'elle reconnaissait de loin à leur haute coiffure, elle accourait, intimidée et émue, tournant autour de ces grands hommes à crinière, cherchant à engager la conversation dans la langue aimée du pays... (Les nègres ont l'amour du village, de la tribu, du coin du sol où ils sont nés.) — Et quelquefois, sur un mot d'une méchante petite compagne, les hommes noirs du pays khassonké détournaient la tête avec mépris, en lui jetant avec un sourire et un plissement de lèvres intraduisibles, ce mot de *keffir* (infidèle), qui est le *roumi* des Algériens, ou le *giaour* des Orientaux. — Alors elle s'en allait, honteuse et le cœur gros, la petite Fatou...

Mais, tout de même, elle aimait encore mieux être *keffir,* et posséder Jean..

... Pauvre Jean, dors bien longtemps sur ton tara léger, que ce repos du jour, ce sommeil lourd et sans rêve se prolonge encore, car l'instant du réveil est sombre !...

Oh ! ce réveil, après l'engourdissement du sommeil de midi, — d'où provenait-elle cette lucidité étrange, qui faisait de cet instant une épouvante ?... Les idées s'éveillaient, tristes, confuses d'abord, dépareillées, désassorties ; c'étaient, au début des conceptions ténébreuses, pleines de mystère, comme des traces d'une existence antérieure à celle de ce monde... Puis, tout à coup, des conceptions plus nettes, d'une netteté navrante ; des souvenirs radieux d'autrefois, impressions d'enfance reparaissant, s'éclairant comme du fond d'un passé irrévocable ; souvenirs des chaumières ; des Cévennes les soirs d'été, se mêlant à des bruissements de sauterelles d'Afrique ; angoisse des séparations, du bonheur perdu ; synthèse rapide, navrante, de toute l'existence ; les choses de la vie vues par en dessous avec leurs aspects d'outre-tombe ; — l'autre côté de ce qui est, l'envers du monde...

... Surtout dans ces moments-là, il semblait qu'il eût conscience de la marche rapide et inexorable du temps, que l'atonie de son esprit ne lui permettait pas habituellement de saisir... Il s'éveillait, entendant contre le tara sonore le faible bruit du battement des artères de son front, et il lui semblait entendre les pulsations du temps, les battements d'une grande horloge mystérieuse de l'éternité, et il sentait le temps s'envoler, filer, filer avec une vitesse de chose qui tombe dans le vide, et sa vie s'écouler avec lui sans qu'il pût la retenir...

... Et il se relevait brusquement, s'éveillant tout à fait, avec une envie folle de partir, une rage de désespoir en présence de ces années qui le séparaient encore du retour.

Fatou-gaye comprenait vaguement que ce réveil était un instant dangereux, un instant critique où l'homme blanc lui échappait. Aussi elle guettait ce réveil, et quand elle voyait Jean ouvrir ses yeux mélancoliques, et puis se redresser tout à coup le regard effaré, vite elle s'approchait, à genoux pour le servir, ou bien elle lui passait autour du cou ses bras souples :

— Qu'as-tu, mon blanc ?... disait-elle, d'une voix qu'elle faisait douce et languissante comme le son de la guitare d'un griot.

... Mais ces impressions de Jean n'étaient pas de longue durée. Quand il était bien éveillé, son atonie habituelle reprenait son cours, — et il recommençait à voir les choses sous leurs aspects accoutumés.

2

C'ETAIT une opération très importante et très compliquée que de coiffer Fatou ; — cela avait lieu chaque semaine une fois, et, cette fois-là, toute la journée y passait.

Dès le matin, elle se mettait en route pour Guet-n'dar, la ville nègre, — où habitait, dans une case pointue faite de chaume et de roseaux secs, la coiffeuse en renom des dames nubiennes.

Elle restait là plusieurs heures durant, accroupie sur le sable, s'abandonnant aux mains de cette artiste patiente et minutieuse.

La coiffeuse défaisait d'abord, — désenfilait une à une les perles, — détressait, démêlait les mèches épaisses ; — puis reconstruisait ensuite cet édifice très surprenant, dans lequel entraient du corail, des pièces d'or, des paillettes de cuivre, des boules de jade vert et des boules d'ambre. — Des boules d'ambre grosses comme des pommes, — héritage maternel, précieux joyaux de famille rapportés en cachette dans la terre d'esclavage.

Et le plus compliqué à peigner, c'était encore le derrière de la tête, la nuque de Fatou. — Là, il fallait diviser les masses crépues en des centaines de petits tire-bouchons empesés et rigides, soigneusement alignés, qui ressemblaient à des rangs de franges noires.

On roulait chacun de ces tire-bouchons séparément autour d'un long brin de paille, on les couvrait d'une épaisse couche de gomme, — et, pour laisser à cet enduit le temps de sécher, les pailles devaient, jusqu'au lendemain, rester en place. — Fatou rentrait chez elle avec toutes ces brindilles tenant à sa chevelure ; elle avait l'air, ce soir-là, de s'être coiffée dans la peau d'un porc-épic.

Mais, le lendemain, quand les pailles étaient enlevées, quel bel effet !...

On jetait par là-dessus, à la mode khassonkée, une sorte de gaze du pays, très transparente, qui enveloppait le tout comme une toile d'araignée bleue ; et cette coiffure, solidement établie, durait nuit et jour pendant toute une semaine.

Fatou-gaye se chaussait d'élégantes petites sandales de cuir, maintenues par des lanières qui passaient entre l'orteil et le premier doigt, — comme des cothurnes antiques.

Elle portait le pagne étriqué et collant que les Egyptiennes du temps des Pharaons léguèrent à la Nubie. — Par-dessus, elle mettait un *boubou :* grand carré de mousseline ayant un trou pour passer la tête, et retombant en péplum jusqu'au-dessous du genou.

Sa parure se composait de lourds anneaux d'argent, rivés aux poignets et aux chevilles ; et puis d'odorants colliers de *soumaré,* — la fortune de Jean ne lui permettant pas l'usage des colliers d'ambre ou d'or.

Les *soumarés* sont des tresses faites de plusieurs rangs enfilés de petites graines brunes ; ces graines qui mûrissent sur les bords de la Gambie ont une senteur pénétrante et poivrée, un parfum *sui generis,* une des odeurs les plus caractéristiques du Sénégal.

Elle était bien jolie, Fatou-gaye, avec cette haute coiffure sauvage, qui lui donnait un air de divinité hindoue, parée pour une fête religieuse. Rien de ces faces épatées et lippues de certaines peuplades africaines qu'on a l'habitude en France de considérer comme le modèle générique de la race noire. Elle avait le type khassonké très pur : un petit nez droit et fin, avec des narines minces, un peu pincées et très mobiles, une bouche correcte et gracieuse, avec des dents admirables ; et puis, surtout, de grands yeux d'émail bleuâtre, remplis, suivant les moments, d'étrangeté grave, ou de mystérieuse malice.

3

FATOU ne travaillait jamais, — c'était une vraie odalisque que Jean s'était offerte là.

Elle savait comment s'y prendre pour blanchir et réparer ses *boubous* et ses pagnes. — Elle était toujours propre comme une chatte noire habillée de blanc, — par instinct de propreté d'abord, et puis parce qu'elle avait compris que Jean ne la supporterait pas autrement. Mais, en dehors de ces soins de sa personne, elle était incapable d'aucun travail.

Depuis que les pauvres vieux Peyral ne pouvaient plus envoyer à leur fils les petites économies que, pièce par pièce, ils mettaient de côté pour lui ; depuis que « rien ne leur réussissait plus », comme écrivait la vieille Françoise, et qu'ils avaient même été obligés de recourir à la bourse modeste du spahi, le budget de Fatou allait devenir fort difficile à équilibrer.

Heureusement, Fatou était une petite personne sobre, dont la vie matérielle ne coûtait pas cher.

Dans tous les pays du Soudan, la femme est placée, vis-à-vis de l'homme, dans des conditions d'infériorité très grande. — Plusieurs fois dans le courant de sa vie, elle est achetée et revendue comme une tête de bétail, à un prix qui diminue en raison inverse de sa laideur, de ses défauts et de son âge.

Jean demandait un jour à son ami Nyaor : « Qu'as-tu fait de Nokhoudounkhoullé, ta femme, — celle qui était si belle ? »

Et Nyaor répondit avec un sourire tranquille : « Nokhoudounkhoullé était trop bavarde et je l'ai vendue. — Avec le prix qu'on m'en a donné, j'ai acheté trente brebis qui ne parlent jamais. »

C'est à la femme que revient le plus dur travail des indigènes, celui de piler le mil pour le kousskouss.

Du matin au soir, dans toute la Nubie, depuis Tombouctou jusqu'à la côte de Guinée, dans tous les villages de chaume, sous le soleil dévorant, les pilons de bois des négresses retombent bruyamment dans les mortiers de caïlcédra. Des milliers de bras cerclés de bracelets s'épuisent à ce travail, et les ouvrières, bavardes et querelleuses, mêlent à ce bruit monotone le concert de leurs voix aiguës qui semblent sortir de gosiers de singes. — Il en résulte un vacarme très caractéristique qui annonce de loin, dans les halliers, dans le désert, l'approche de ces villages d'Afrique.

Le produit de ce pilage éternel, qui use des générations de femmes, est une grossière farine de mil, avec laquelle on confectionne une bouillie sans saveur, le kousskouss.

Le kousskouss est la base de l'alimentation des peuples noirs.

Fatou-gaye échappait à ce travail légendaire des femmes de sa race ; — chaque soir, elle, descendait chez Coura-n'diaye, la vieille poétesse du roi El-Hadj, la femme *griote*. — Là, moyennant une faible redevance mensuelle, elle avait le droit de s'asseoir parmi les petites esclaves de l'ancienne favorite, autour des grandes calebasses où fumait le kousskouss tout chaud, — et de manger au gré de son appétit de seize ans.

Du haut de son tara, étendue sur de fines nattes au tissu compliqué, la vieille déchue présidait avec une dignité impassible.

Et pourtant, c'étaient des scènes très bruyantes et très impayables que ces repas : ces petites créatures nues, accroupies par terre, en rond autour de calebasses énormes, pêchant à même dans la bouillie spartiate, toutes ensemble, avec leurs doigts. — C'étaient des cris, des mines, des grimaces, des espiègleries nègres à rendre des points à des ouistitis ; — et des arrivées intempestives de gros moutons cornus ; — et des pattes de chat allongées en tapinois, — puis plongées sournoisement dans la bouillie ; — des intrusions de chiens jaunes, fourrant dans le plat leur museau pointu, — et puis, des éclats de rire d'un comique impossible montrant des rangées magnifiques de dents blanches, dans des gencives d'un gros rouge de pivoine.

Fatou était toujours rhabillée et les mains nettes quand Jean, qui avait dû rentrer à la caserne à quatre heures, revenait après l'appel de retraite. Elle avait repris, sous sa haute coiffure d'idole, une expression sérieuse, presque mélancolique ; ce n'était plus la même créature.

C'était triste le soir, dans ce quartier mort, isolé au bout d'une ville morte.

Jean restait souvent accoudé à la grande fenêtre de sa chambre blanche et nue. — La brise de la mer faisait papillonner au plafond les parchemins des prêtres, que Fatou avait pendus là par de longs fils pour veiller sur leur sommeil.

Devant lui, il avait les grands horizons du Sénégal, — la pointe de Barbarie, — une immensité plate, sur les lointains de laquelle pesaient de sombres vapeurs de crépuscule : l'entrée profonde du désert.

Ou bien il s'asseyait à la porte de la maison de Samba-Hamet, devant ce carré de terrain vague que bordaient de vieilles constructions de briques en ruines, — sorte de place au milieu de laquelle croissait ce maigre palmier jaune, de l'espèce à épines, qui était l'arbre unique du quartier.

Il s'asseyait là et fumait des cigarettes qu'il avait appris à Fatou à lui faire.

Hélas ! cette distraction même, il allait falloir songer à la supprimer bientôt — faute d'argent pour en acheter.

Il suivait, de ses grands yeux bruns devenus atones, le va-et-vient de deux ou trois petites négresses qui se poursuivaient, gambadaient follement au vent du soir, — dans le demi-jour crépusculaire, comme des phalènes.

En décembre, le coucher du soleil amenait presque toujours sur Saint-Louis des brises fraîches et de grands rideaux de nuages qui, tout à coup, assombrissaient le ciel, mais ne crevaient jamais. — Ils passaient bien haut, et s'en allaient. — Jamais une goutte de pluie, jamais une impression d'humidité ; c'était la *saison sèche*, et, dans toute la nature, on n'eût pas trouvé un atome de vapeur d'eau. — On respirait pourtant, ces soirs de décembre ; c'était un répit, cette fraîcheur pénétrante, cela causait une sensation de soulagement physique,

— mais, en même temps, je ne sais quelle impression plus grande de mélancolie.

Et, quand Jean était assis, à la tombée de la nuit, devant sa porte isolée, — sa pensée s'en allait au loin.

Ce trajet à vol d'oiseau, que ses yeux faisaient chaque jour sur les grandes cartes géographiques pendues aux murs dans la caserne des spahis, il le parcourait souvent en esprit, — le soir surtout, — sur une sorte de panorama imaginaire, de représentation qu'il s'était faite du monde.

Traverser d'abord ce grand désert sombre, qui commençait là, derrière sa maison.

Cette première partie du voyage était celle que son esprit accomplissait le plus lentement, — s'attardant dans un infini de solitudes mystérieuses, où tous ces sables ralentissaient sa marche.

Et puis franchir l'Algérie, et la Méditerranée, — arriver aux côtes de France ; remonter la vallée du Rhône, — et parvenir enfin à ce point que la carte marquait de petites hachures noires, — et que lui se représentait en hautes cimes bleuâtres dans des nuages : les Cévennes.

Des montagnes ! Il y avait si longtemps que ses yeux étaient faits aux solitudes plates ! — si longtemps qu'il n'en avait pas vu, qu'il en avait presque perdu la notion.

Et des forêts ! Les grands bois de châtaigniers de son pays, — qui étaient humides et qui étaient pleins d'ombre, — où couraient de vrais ruisseaux d'eau vive, où le sol était de la *terre,* avec des tapis de fraîches mousses et d'herbes fines !... Il lui semblait qu'il aurait éprouvé un soulagement, rien qu'en voyant un peu de terre humide et moussue, — au lieu de toujours ce sable aride, promené par le vent du désert.

Et son cher village, que dans son voyage idéal il apercevait d'abord de haut, comme en planant, — la vieille église, — sur laquelle il s'imaginait de la neige, la cloche sonnant l'*Angelus,* probablement — (il était sept heures du soir), — et sa chaumière auprès ! — Tout cela bleuâtre et dans la vapeur, — par un soir de décembre bien froid, — avec un pâle rayon de lune glissant dessus.

Etait-ce possible ? — A cet instant même, à l'heure qu'il était, en même temps que ce qui l'entourait, — tout cela existait bien réellement quelque part ; ce n'était pas seulement un souvenir, une vision du passé ; — cela existait ; — cela n'était même pas très loin ; — à cette heure même, il y avait des gens qui y étaient, — et il était possible d'y aller.

Que faisaient-ils ses pauvres vieux parents, à cette heure où il pensait à eux ? — Assis au coin du feu, sans doute, devant la grande cheminée, où flambaient gaiement des branches ramassées dans la forêt.

Il revoyait là tous les objets familiers à son enfance, — la petite lampe des veillées d'hiver, les vieux meubles, — le chat endormi sur un escabeau. — Et, au milieu de toutes ces choses amies, il cherchait à placer les hôtes bien-aimés de la chaumière.

Sept heures à peu près ! C'était bien cela ; le repas du soir terminé, ils étaient assis au coin du feu, — vieillis sans doute, — son vieux père dans son attitude habituelle, appuyant sur sa main sa belle tête grise, — une tête d'ancien cuirassier redevenu montagnard ; — et sa mère, tricotant probablement, faisant glisser très vite ses grandes aiguilles entre ses braves mains vives et laborieuses, — ou bien tenant droite sa quenouille de chanvre, et filant.

Et Jeanne, — elle était avec eux peut-être ! — Sa mère lui avait écrit qu'elle venait souvent leur tenir compagnie aux veillées d'hiver. — Comment était-elle maintenant ? — *Changée et encore embellie*, lui avait-on dit. — Comment était sa figure de grande jeune fille, qu'il n'avait pas vue ?

Auprès du beau spahi en veste rouge, il y avait Fatou-gaye assise, avec sa haute coiffure d'ambre à paillettes de cuivre.

La nuit était venue, et, sur la place solitaire, les petites négresses continuaient à se poursuivre, passant et repassant dans l'obscurité, — l'une toute nue, — les deux autres avec de longs boubous flottants, ayant l'air de deux chauves-souris blanches. Ce vent froid les excitait à courir ; elles étaient comme ces jeunes chats qui, chez nous, éprouvent le besoin de faire des gambades folles quand souffle ce vent d'est bien sec qui nous apporte la gelée.

4

DIGRESSION PÉDANTESQUE SUR LA MUSIQUE
ET SUR UNE CATÉGORIE DE GENS APPELÉS GRIOTS

L'ART de la musique est confié, dans le Soudan, à une caste d'hommes spéciaux, appelés *griots,* qui sont, de père en fils, musiciens ambulants et compositeurs de chants héroïques.

C'est aux griots que revient le soin de battre le tam-tam pour les bamboulas, et de chanter, pendant les fêtes, les louanges des personnages de qualité.

Lorsqu'un chef éprouve le besoin d'entendre exalter sa propre gloire, il mande ses griots, qui viennent s'asseoir devant lui sur le sable, et composent sur-le-champ, en son honneur, une longue série de couplets officiels, accompagnant leur aigre voix des sons d'une petite guitare très primitive, dont les cordes sont tendues sur des peaux de serpent.

Les griots sont les gens du monde les plus philosophes et les plus paresseux ; ils mènent la vie errante et ne se soucient jamais du lendemain. — De village en village, ils s'en vont, seuls ou à la suite des grands chefs d'armée, — recevant par-ci par-là des aumônes, traités partout en parias, comme en Europe les gitanos ; — comblés quelquefois d'or et de faveurs, comme chez nous les courtisanes ; — exclus, pendant leur vie, des cérémonies religieuses, et, après leur mort, des lieux de sépulture.

Ils ont des romances plaintives, aux paroles vagues et mystérieuses ; — des chants héroïques, qui tiennent de la mélopée par leur monotonie, de la marche guerrière par leur rythme scandé et nerveux : — des airs de danse pleins de frénésie ; — des chants d'amour, qui semblent des transports de rage amoureuse, des hurlements de bêtes en délire. — Mais, dans toute cette musique noire, la mélodie se ressemble ; comme chez les peuples très primitifs, elle est composée de phrases courtes et tristes, sortes de gammes plus ou moins accidentées, qui partent des notes les plus hautes de la voix humaine, et descendent brusquement jusqu'aux extrêmes basses, en se traînant ensuite comme des plaintes.

Les négresses chantent beaucoup en travaillant, ou pendant ce demi-sommeil nonchalant qui compose leur sieste. Au milieu de ce grand calme de midi, plus accablant là-bas que dans nos campagnes de France, ce chant des femmes nubiennes a son charme à lui, mêlé à l'éternel bruissement des sauterelles. — Mais il serait impossible de le transporter en dehors de son cadre exotique de soleil et de sable ; entendu ailleurs, ce chant ne serait plus lui-même.

Autant la mélodie semble primitive, insaisissable à force de monotonie, autant le rythme est difficile et compliqué. — Ces longs cortèges de noces qu'on rencontre la nuit, cheminant lentement sur le sable, chantent, sous la conduite de griots, des chœurs d'ensemble d'une allure bien étrange, dont l'accompagnement est un contretemps persistant, et qui semblent hérissés, comme à plaisir, de difficultés rythmiques et de bizarreries.

Un instrument très simple, et réservé aux femmes,

remplit dans cet ensemble un rôle important : c'est seulement une gourde allongée, ouverte à l'une de ses extrémités, — objet qu'on frappe de la main, tantôt à l'ouverture, tantôt à l'ouverture, tantôt sur le flanc, et qui rend ainsi deux sons différents : l'un sec, et l'autre sourd ; on n'en peut tirer rien de plus, et le résultat ainsi obtenu est cependant surprenant. — Il est difficile d'exprimer l'effet sinistre, presque diabolique, d'un bruit lointain de voix nègres, à demi couvertes par des centaines de semblables instruments.

Un *contretemps* perpétuel des accompagnateurs, et des *syncopes* inattendues, parfaitement comprises et observées par tous les exécutants, sont les traits les plus caractéristiques de cet art — inférieur peut-être, mais assurément très différent du nôtre, — que nos organisations européennes ne nous permettent pas de parfaitement comprendre.

5

BAMBOULA

UN griot qui passe frappe quelques coups sur son tam-tam. — C'est le rappel, et on se rassemble autour de lui.

Des femmes accourent, qui se rangent en cercle serré, et entonnent un de ces chants obscènes qui les passionnent. — L'une d'elles, la première venue, se détache de la foule et s'élance au milieu, dans le cercle vide où résonne le tambour ; elle danse avec un bruit de grigris et de verroterie ; — son pas, lent au début, est accompagné de gestes terriblement licencieux ; il s'accélère bientôt jusqu'à la frénésie ; on dirait les trémoussements d'un singe fou, les contorsions d'une possédée.

A bout de forces, elle se retire, haletante, épuisée, avec des luisants de sueur sur sa peau noire ; ses compagnes l'accueillent par des applaudissements ou par des huées ; — puis une autre prend sa place, et ainsi de suite, jusqu'à ce que toutes y aient passé.

Les vieilles femmes se distinguent par une indécence plus cynique et plus enragée. — L'enfant que souvent elles portent, attaché sur leur dos, — affreusement ballotté, pousse des cris perçants ; — mais les négresses ont perdu, en pareil cas, jusqu'au sentiment maternel, et rien ne les arrête plus.

Dans toutes les contrées du Sénégal, les levers de pleine lune sont des moments particulièrement consacrés à la bamboula, des soirs de grande fête nègre ; — et il semble que la lune se lève là-bas, sur ce grand pays de sable, dans l'infini de ces horizons chauds, — plus rouge et plus énorme qu'ailleurs.

A la tombée du jour, les groupes se forment. — Les femmes mettent, pour de telles occasions, des pagnes de couleur éclatante, se parent de bijoux en or fin de Galam, — ornent leurs bras de lourds anneaux d'argent, — leur cou d'une étonnante profusion de grigris, de verroterie, d'ambre et de corail.

Et, quand le disque rouge apparaît, toujours agrandi et déformé par le mirage, jetant sur l'horizon de grosses lueurs sanglantes, — un vacarme furieux se lève de toute cette foule : — la fête commence.

A certaines époques de l'année, devant la maison de Samba-Hamet, la place solitaire devenait le théâtre de bamboulas fantastiques.

Dans ces occasions, Coura-n'diaye prêtait à Fatou quelques-uns de ses bijoux précieux pour aller à la fête.

Quelquefois elle y paraissait elle-même comme aux anciens jours.

Et alors c'était un grand bruissement d'admiration, quand la vieille griote s'avançait, couverte d'or, la tête haute, avec une flamme étrange rallumée dans ses yeux éteints. — Elle avait le torse effrontément nu ; sur sa poitrine ridée de momie noire, sur ses mamelles qui pendaient comme de grandes peaux vides et mortes, s'étalaient les présents merveilleux d'El-Hadj le conqué- rant : des colliers de jade pâle d'un vert d'eau tendre, — et puis des rangs et des rangs de grosses boules d'or fin, d'un travail rare et inimitable. — Elle avait de l'or plein les bras, de l'or aux chevilles, des bagues d'or à tous les doigts de pied, et, sur la tête, un antique édifice d'or.

La vieille idole parée se mettait à chanter ; peu à peu elle s'animait en agitant ses bras de squelette, qui avaient peine à soulever le poids de leurs bracelets. — Sa voix, rauque et caverneuse, résonnait au début comme au fond d'une carcasse vide, puis devenait vibrante à faire frémir. — On retrouvait un écho posthume de la poétesse d'El-Hadj et, dans ses yeux dilatés, éclairés par en dedans, il semblait qu'on vît passer des reflets des grandes guerres mystérieuses de l'intérieur, des grands jours d'autrefois : les armées d'El-Hadj volant dans le désert ; les grands égorgements laissant des peuplades entières aux vautours ; — l'assaut de Ségou-Koro ; — tous les villages du Massina, sur des centaines de lieues de pays, brûlant au soleil, de Médine à Tombouctou, comme des feux d'herbes dans la plaine.

Coura-n'diaye était très fatiguée quand elle avait fini ses chansons. — Elle rentrait chez elle toute tremblante et s'étendait sur son tara. — Quand ses petites esclaves l'avaient dépouillée de ses bijoux et massée tout douce- ment pour la faire dormir, on la laissait tranquille comme une morte, et elle restait couchée pendant deux jours.

6

GUET-N'DAR, la ville nègre, bâtie en paille grise sur le sable jaune. — Des milliers, des milliers de petites huttes rondes, à moitié cachées derrière des palissades de roseaux secs, et coiffées toutes d'un grand bonnet de chaume. — Et les milliers de pointes de ces milliers de toits affectant les formes les plus extravagantes et les plus pointues, — les unes droites, menaçant le ciel, — les autres de travers, menaçant leurs voisines, — les autres, enfin, racornies, ventrues, défoncées, ayant l'air fatigué d'avoir tant séché au soleil, — paraissant vouloir se recroqueviller, s'enrouler comme de vieilles trompes d'éléphant. — Et tout cela à perte de vue, découpant de bizarres perspectives de choses cornues sur l'uniformité du ciel bleu.

Au milieu de Guet-n'dar, partageant la cité en deux, du nord au sud, une large rue de sable, bien régulière et bien droite, s'ouvrant au loin toute grande sur le désert. — Le désert pour campagne et pour horizon.

De chaque côté de cette vaste tranchée, un dédale de petites ruelles tortueuses, contournées comme les sentiers d'un labyrinthe.

C'est dans ces quartiers que Fatou conduit Jean ; — et, pour le conduire, à la manière nègre, elle lui tient un doigt dans sa ferme petite main noire, ornée de bagues de cuivre.

On est en janvier. — Il est sept heures du matin, et le soleil se lève à peine. — L'heure est agréable et fraîche, même au Sénégal.

Jean marche de son pas fier et grave, — tout en souriant intérieurement de l'expédition drôle que Fatou-gaye lui fait faire, et du personnage auquel il va rendre visite.

Il se laisse conduire de bonne grâce ; cette promenade l'intéresse et l'amuse.

Il fait beau ; cet air pur du matin, le bien-être physique apporté par cette rare fraîcheur, tout cela influe doucement sur lui. — Et puis, en ce moment, Fatou-gaye lui paraît fort mignonne, et il l'aime presque.

C'est un de ces moments fugitifs et singuliers, où chez lui le souvenir est mort, où ce pays d'Afrique semble sourire, — où le spahi s'abandonne sans arrière-pensée sombre à cette vie qui depuis trois ans le berce et l'endort d'un sommeil lourd et dangereux, hanté par des rêves sinistres.

L'air du matin est frais et pur. Derrière les palissades grises en roseaux qui bordent les petites rues de Guetn'dar, on commence à entendre les premiers coups sonores des pilons à kousskouss, mêlés à des éclats de voix nègres qui s'éveillent, à des bruits de verroterie qu'on remue ; — à tous les coins du chemin, des crânes de moutons cornus, — (pour ceux qui sont au courant des usages nègres : les égorgés de la *tabaski*), plantés au bout de longs bâtons, et regardant passer le monde, avec des airs de tendre leur cou de bois pour mieux voir. — Et, posés partout, de gros lézards fétiches, au corps bleu de ciel, dandinant perpétuellement de droite et de gauche, par suite d'un singulier tic de lézard qu'ils ont, leur tête d'un beau jaune qui semble faite en peau d'orange.

Des odeurs de nègres, d'amulettes de cuir, de kousskouss et de soumaré.

Des négrillons, commençant à paraître aux portes avec leur gros ventre orné d'un rang de perles bleues, — avec leur nombril pendant, leur sourire fendu jusqu'aux oreilles, et leur tête en poire, rasée à trois petites queues. Tous s'étirent, regardent Jean d'un air étonné avec leurs gros yeux d'émail, — et disant quelquefois, les plus osés : « Toubah ! toubah !... toubah ! bonjour ! »

Tout cela sent bien la terre d'exil, et l'éloignement de la patrie ; les moindres détails des moindres choses sont étranges. Mais il y a une telle magie dans ces levers de soleil des tropiques, une telle limpidité ce matin-là dans l'air, un tel bien-être dans cette fraîcheur inusitée, — que Jean répond gaiement aux bonjours des bébés noirs, sourit aux réflexions de Fatou, et s'abandonne et oublie...

Le personnage chez lequel se rendaient Jean et Fatou

était un grand vieillard à l'œil rusé et matois qui s'appelait Samba-Latir.

Quand ils furent tous deux assis par terre sur des nattes dans la case de leur hôte, Fatou prit la parole et expliqua son cas, qui était, comme on va le voir, grave et critique :

Depuis plusieurs jours, elle rencontrait, à la même heure, une certaine vieille, très laide, qui la regardait d'une façon singulière, — du coin de l'œil, sans tourner la tête !... Hier au soir enfin, elle était rentrée chez elle tout en larmes, déclarant à Jean qu'elle se sentait ensorcelée.

Et, toute la nuit, elle avait été obligée de se tenir la tête dans l'eau, pour atténuer les premiers effets de ce maléfice.

Dans la collection d'amulettes dont elle était pourvue, il y en avait contre toute sorte de maux ou d'accidents : contre les mauvais rêves et les poisons des plantes, contre les chutes dangereuses et le venin des bêtes, contre les infidélités du cœur de Jean et les dégâts des fourmis blanches, contre le mal de ventre et contre le caïman. — Il n'y en avait point encore contre le mauvais œil et les sorts que les gens vous jettent au passage.

Or c'était là une spécialité reconnue à Samba-Latir, et voilà pourquoi Fatou-gaye était venue recourir à lui.

Samba-Latir avait justement la chose toute faite. Il tira d'un vieux coffre mystérieux un petit sachet rouge fixé à un cordon de cuir ; il le mit au cou de Fatou-gaye en prononçant les paroles sacramentelles, — et l'esprit malin se trouva conjuré.

Cela ne coûtait que deux *khâliss* d'argent (dix francs). — Et le spahi, qui ne savait pas marchander, pas même une amulette, paya sans murmurer. — Pourtant il sentit le sang lui monter aux tempes, en voyant partir ces deux pièces, non pas qu'il tînt à l'argent ; — jamais même il n'avait pu s'habituer à en connaître la valeur ; — mais pourtant, deux khâliss, c'était beaucoup dans ce moment pour sa pauvre bourse de spahi. Et surtout il se disait, avec un remords et un serrement de cœur, que ses vieux parents se privaient sans doute de beaucoup de choses qui coûtaient moins de deux *khâliss*, — et qui assurément étaient plus utiles que les amulettes de Fatou.

7

LETTRE DE JEANNE MÉRY A SON COUSIN JEAN

« Mon cher Jean,

VOILA tantôt trois ans de passés depuis ton départ, et j'attends toujours pour que tu me parles de ton retour ; moi j'ai bien foi en toi, vois-tu, et je sais que tu n'es pas pour me tromper ; mais ça n'empêche pas que le temps me dure ; il y a des fois la nuit où le chagrin me prend, et il me passe toute sorte d'idées. — Avec ça, mes parents me disent que si tu avais bien voulu, tu aurais pu avoir un congé pour venir faire un tour vers chez nous. — Je crois bien aussi qu'il y en a ici, au village, qui leur montent la tête, mais c'est vrai pourtant que notre cousin Pierre est revenu deux fois au pays, lui, pendant le temps qu'il était soldat.

» Il y en a qui font courir le bruit que je vais épouser le grand Suirot. — Crois-tu ? quelle drôle de chose d'épouser ce grand benêt qui fait le monsieur ; je laisse dire, car je sais qu'il n'y a rien dans le monde pour moi comme mon cher Jean. — Tu peux être bien tranquille, il n'y a pas de danger qu'ils m'attrapent à aller au bal ; ça m'est égal qu'ils me disent que je fais des manières ; pour danser avec Suirot ou ce gros nigaud de Toinon, ou d'autres comme ça, non vraiment ; je m'assieds bien tranquille le soir sur la barre (1) de chez Rose, devant la porte, et là je pense et je repense de mon cher Jean, qui

(1) Banc devant la porte.

vaut mieux que tous les autres, et pour sûr je ne m'ennuie pas quand je pense à lui.

» Je te remercie de ton portrait ; c'est bien toi, quoiqu'on dise ici que tu as joliment changé ; moi je trouve que c'est bien toujours ta même figure, — seulement que tu ne regardes pas le monde tout à fait de la même manière. — Je l'ai mis sur la grande cheminée et, tout alentour, mon rameau de Pâques, ce qui fait que, quand j'entre dans la chambre, c'est le premier qui me regarde.

» Mon cher Jean, je n'ai pas encore osé porter ce beau bracelet fait par les nègres que tu m'as envoyé ; — de peur d'Olivette et de Rose ; elles trouvent déjà que je fais la *demoiselle,* ça serait bien pire. — Quand tu seras là et que nous serons mariés, ce sera autre chose ; je porterai aussi la belle chaîne à jaseron de la tante Tounelle et sa chaîne de ciseaux. — Viens seulement, car, vois-tu, je languis bien de ne pas te voir ; j'ai l'air de rire quelquefois avec les autres, mais après, le chagrin me monte si fort, si fort, que je me cache pour pleurer.

» Adieu, mon cher Jean ; je t'embrasse de tout cœur.

» JEANNE MÉRY. »

8

LES mains de Fatou, qui étaient d'un beau noir au-dehors, avaient le dedans rose.

Longtemps cela avait fait peur au spahi : il n'aimait pas voir le dedans des mains de Fatou, qui lui causait, malgré lui, une vilaine impression froide de pattes de singe.

Ces mains étaient pourtant petites, délicates — et reliées au bras rond par un poignet très fin. — Mais cette décoloration intérieure, ces doigts teintés mi-partie, avaient quelque chose de *pas humain* qui était effrayant.

Cela, et certaines intonations d'un fausset étrange qui lui échappaient quelquefois quand elle était très animée ; cela et certaines poses, certains gestes inquiétants ; cela rappelait de mystérieuses ressemblances qui troublaient l'imagination...

A la longue pourtant, Jean s'y était habitué, et ne s'en préoccupait plus. Dans les moments où Fatou lui semblait gentille et où il l'aimait encore, il l'appelait même, en riant, d'un bizarre nom yolof qui signifiait : *petite fille singe*.

Elle était très mortifiée, Fatou, de ce nom d'amitié, et prenait alors des airs posés, des mines sérieuses qui amusaient le spahi.

Un jour — (il faisait exceptionnellement beau ce jour-là : un temps presque doux, avec un ciel très pur), — un jour Fritz Muller, qui se rendait en visite chez Jean, était monté sans bruit et s'était arrêté sur le seuil.

Là, il se divertit beaucoup, en assistant de la porte à la scène suivante :

Jean, souriant d'un bon sourire d'enfant qui s'amuse, paraissait examiner Fatou avec une attention extrême, — lui étirant les bras, la retournant, l'inspectant sans rien dire sur toutes ses faces ; — et puis tout à coup, d'un air convaincu, il exprimait ainsi ses conclusions :

— *Toi tout à fait même chose comme singe !...*

Et Fatou, très vexée :

— *Ah ! Tjean ! Toi n'y a pas dire ça, mon blanc ! D'abord, singe, lui, n'y a pas connaît manière pour parler, — et moi connais très bien !*

Alors Fritz Muller partit d'un grand éclat de rire, — et puis Jean aussi, en voyant surtout l'air digne et comme il faut que Fatou-gaye s'efforçait de prendre, afin de protester par son maintien contre ces conclusions impolies.

— Très joli petit singe, dans tous les cas ! dit Muller,

qui admirait beaucoup la beauté de Fatou. — (Il avait longtemps habité le pays noir et s'y connaissait en belles filles du Soudan.)

— Très joli petit singe ! Si tous ceux des bois de Galam étaient pareils, on pourrait encore s'acclimater dans ce pays maudit, qui n'a sûrement jamais reçu la visite du bon Dieu !

9

UNE salle blanche, tout ouverte au vent de la nuit ; — deux lampes suspendues, que de gros éphémères affolés par la flamme viennent battre de leurs ailes ; — une tablée bruyante d'hommes habillés de rouge, — et des maritornes très noires s'empressant alentour : — un grand souper de spahis.

Le jour, il y a eu fête à Saint-Louis : — fête militaire, revue au quartier, courses de chevaux du désert, — courses de chameaux, — courses de bœufs montés et courses de pirogues. — Tout le programme habituel des réjouissances d'une petite ville provinciale, — avec, en plus, la note étrange apportée par la Nubie.

Par les rues, on a vu circuler en uniforme tous les hommes valides de ıa garnison, marins, spahis ou tirailleurs. — On a vu des mulâtres et des mulâtresses en habits des grands jours ; les vieilles *signardes du Sénégal* (métis de distinction), raides et dignes avec leur haute coiffure de foulard madras et leurs deux papillotes en tire-bouchon à la mode de 1820 ; — et les jeunes *signardes,* en toilettes de notre époque, — drôles et fanées, sentant la côte d'Afrique. — Puis deux ou trois femmes blanches en toilettes fraîches ; et, derrière elles, comme repoussoirs, la foule nègre couverte de grigris et d'ornements sauvages : tout Guet-n'dar en tenue de fête.

Tout ce que Saint-Louis peut déployer d'animation et

de vie ; tout ce que la vieille colonie peut mettre de monde dans ses rues mortes ; — tout cela dehors pour un jour, — et prêt à rentrer demain dans l'assoupissement de ses maisons silencieuses, enveloppées d'un suaire uniforme de chaux blanche.

Et les spahis qui ont, par ordre, paradé toute la journée sur la place du Gouvernement, sont très réveillés et très excités par ce mouvement insolite. — Ils fêtent ce soir des nominations et des médailles qui leur sont arrivées par le dernier courrier de France ; et Jean, qui d'ordinaire fait un peu bande à part, assiste avec eux à ce souper qui est un *repas de corps*.

Elles ont eu fort à faire, les maritornes noires, pour servir les spahis ; non pas qu'ils aient mangé beaucoup, mais ils ont bu effroyablement, et ils sont tous gris.

Un grand nombre de toasts ont été portés ; — beaucoup de propos, extravagants de naïveté ou de cynisme, ont été tenus ; — beaucoup d'esprit a été dépensé, — d'un esprit de spahis, très originalement cru, à la fois très sceptique et très enfantin. — Beaucoup de chansons singulières, affreusement risquées, venues on ne sait d'où, de l'Algérie, de l'Inde ou d'ailleurs, ont été chantées, — les unes en *soli* comiquement discrets, — les autres en *chœurs* terribles, accompagnés de bris de verres et de coups de poing à casser les tables. — On a débité de vieilles facéties ingénues et ressassées, qui ont excité des rires jeunes et joyeux ; on a aussi lancé des mots capables de faire monter le rouge au front du diable même.

Et tout à coup, voilà qu'un spahi, au milieu de ce débordement d'insanités tapageuses, lève un verre de champagne et porte ce toast inattendu :

— A ceux qui sont tombés à Mecké et à Bobdiarah !

Bien bizarre, ce toast, que l'auteur de ce récit n'a pas inventé ; bien imprévue, cette *santé* portée !... Hommage de souvenir, ou plaisanterie sacrilège à l'adresse de ceux qui sont morts ?... Il était très ivre, le spahi qui avait porté ce toast funèbre, et son œil flottant était sombre.

Hélas ! dans quelques années, qui s'en souviendra, de ceux qui *sont tombés dans la déroute, à Bobdiarah et à Mecké* — et dont les os ont déjà blanchi sur le sable du désert ?

Les gens de Saint-Louis qui les ont vus partir ont retenu leurs noms peut-être... Mais, dans quelques années, qui s'en souviendra et qui pourra les redire encore ?...

Et les verres furent vidés à la mémoire de ceux qui *sont tombés à Mecké et à Bobdiarah.* — Mais ce toast étrange avait amené pour un instant un grand silence d'étonnement, et jeté comme un crêpe noir sur le dîner de corps des spahis.

Jean surtout, dont les yeux s'étaient animés au contact de cette gaieté des autres, et qui, ce soir-là, par hasard, riait de tout son cœur, — Jean redevint rêveur et grave, sans trop pouvoir démêler pourquoi... — *Tombés là-bas dans le désert !*... Il n'était pas maître de cela, mais cette image venait de le glacer, comme un son de voix de chacal ; elle avait fait courir un frisson dans sa chair...

Bien enfant encore, le pauvre Jean ; pas assez aguerri, pas assez soldat ! — Il était très brave, pourtant ; — il n'avait pas peur, pas du tout peur de se battre. — Quand on parlait de Boubakar-Ségou, qui rôdait alors avec son armée presque aux portes de Saint-Louis, dans le Cayor, — il sentait son cœur bondir ; il en rêvait quelquefois ; il lui semblait que cela lui ferait du bien et le réveillerait, d'aller enfin voir le feu, même le feu contre un roi nègre ; par moments, il en mourait d'envie...

C'était bien pour se battre qu'il s'était fait spahi, — et non pour aller languir, atone, dans une petite maison blanche, sous les sortilèges d'une fille khassonkée !...

Pauvres garçons, qui buvez à la mémoire des morts, riez, chantez, soyez bien gais et bien fous, profitez de l'instant joyeux qui passe!... Mais les chants et le bruit sonnent faux sur cette terre du Sénégal, — et il doit y avoir encore là-bas, dans le désert, des places marquées pour quelques-uns de vous.

10

En Galam!... Qui comprendra tout ce que ces mots peuvent éveiller d'échos mystérieux au fond d'une âme nègre exilée!

La première fois que Jean avait demandé à Fatou (il y avait bien longtemps de cela, — c'était dans la maison de sa maîtresse) :

— D'où es-tu, toi, petite?

Fatou avait répondu d'une voix émue :

— Du pays de Galam...

Pauvres nègres du Soudan, exilés, chassés du village natal par les grandes guerres ou les grandes famines, par toutes les grandes dévastations des ces contrées primitives! — Vendus, emmenés en esclavage, — quelquefois ils ont parcouru à pied, sous le fouet du maître, des étendues de pays plus profondes que l'Europe entière; — mais au fond de leur cœur noir, l'image de la patrie est demeurée gravée, ineffaçable.

C'est quelquefois la lointaine Tombouctou, ou Ségou-Koro, mirant dans le Niger ses grands palais de terre blanche; — ou simplement un pauvre petit village de paille, qui était perdu quelque part dans le désert, ou bien caché dans quelque pli ignoré des montagnes du Sud, — et dont le passage du conquérant a fait un tas de cendres et un charnier pour les vautours...

— En Galam!... mots répétés avec recueillement et mystère.

— *En Galam*, disait Fatou, *Tjean un jour je t'emmènerai avec moi, en Galam!...*

Vieille terre sacrée de Galam, que Fatou retrouvait en fermant les yeux ; — terre de Galam ! pays de l'or et de l'ivoire, pays où, dans l'eau tiède, dorment les caïmans gris, à l'ombre des hauts palétuviers, — où l'éléphant qui court dans les forêts profondes frappe lourdement le sol de son pied rapide !

Jean en avait rêvé autrefois, de ce pays de Galam. — Fatou lui en avait fait des récits très extraordinaires, qui avaient excité son imagination accessible au prestige du nouveau et de l'inconnu. — A présent, c'était passé ; sa curiosité sur tout ce pays d'Afrique s'était émoussée et lassée ; il aimait mieux continuer à Saint-Louis sa vie monotone et être là tout prêt, pour ce moment bienheureux où il s'en retournerait dans ses Cévennes.

Et puis s'en aller là-bas, dans ce pays de Fatou, — si loin de la mer, qui est encore une *chose froide,* d'où viennent des brises rafraîchissantes, — qui, surtout, est la voie par où l'on communique avec le reste du monde ; s'en aller dans ce pays de Galam, où l'air devait être plus chaud et plus lourd ; — s'enfoncer dans ces étouffements de l'intérieur. Non, il n'y tenait plus ; il eût refusé à présent si on lui eût proposé d'aller voir ce qui se passait en Galam. Il rêvait de son pays à lui, de ses montagnes et de ses fraîches rivières. Rien que de songer au pays de Fatou, cela lui donnait plus chaud et lui faisait mal à la tête...

11

Fatou ne pouvait apercevoir un *ngabou* (un hippopotame) sans courir les risques de tomber raide morte ; — c'était un sort jeté jadis sur sa famille par un sorcier du pays de Galam ; — on avait essayé de tous les moyens pour le conjurer. Elle avait dans ses ascendants de nombreux exemples de personnes ainsi tombées raides, au seul aspect de ces grosses bêtes, et ce maléfice les poursuivait sans merci depuis plusieurs générations.

C'est, du reste, un genre de *sort* assez fréquent dans le Soudan : certaines familles ne peuvent voir le lion ; d'autres, le lamantin ; d'autres, — les plus malheureuses, celles-là, — le caïman. Et c'est une affliction d'autant plus grande, que les amulettes mêmes n'y peuvent rien.

On s'imagine les précautions auxquelles étaient astreints les ancêtres de Fatou dans le pays de Galam : éviter de se promener dans la campagne aux heures que les hippopotames affectionnent, et surtout n'approcher jamais des grands marais d'herbages où ils aiment à prendre leurs ébats.

Quant à Fatou, ayant appris que, dans certaine maison de Saint-Louis, vivait un jeune hippopotame apprivoisé, elle faisait toujours un détour énorme pour ne pas passer dans ce quartier, de peur de succomber à une terrible démangeaison de curiosité qu'elle avait d'aller voir le visage de cette bête, dont elle se faisait faire tous les jours par ses amies des descriptions minutieuses : — curiosité, comme on le devine sans peine, qui tenait, elle aussi, du maléfice.

12

LES jours s'écoulaient lentement dans leur monotonie chaude ; tous se ressemblaient. — Même service régulier au quartier des spahis, même soleil sur ses murs blancs, même silence alentour. Des bruits de guerre contre Boubakar-Ségou, fils d'El Hadj, défrayant les conversations des hommes en veste rouge, mais n'aboutissant jamais. Aucun événement dans la ville morte, et les bruits d'Europe arrivant de loin, comme éteints par la chaleur.

Jean passait par différentes phases morales : il avait

des hauts et des bas ; le plus souvent il n'éprouvait plus qu'un vague ennui, une lassitude de toutes choses ; et puis, de temps à autre, le mal du pays, qui semblait endormi dans son cœur, le reprenait pour le faire souffrir.

L'hivernage approchait : les brisants de la côte s'étaient calmés, il y avait déjà de ces journées où l'air manquait aux poitrines, où la mer chaude était molle et polie comme de l'huile, reflétant dans son miroir immense la puissante lumière torride...

Jean aimait-il Fatou-gaye ?

Il n'en savait trop rien lui-même, le pauvre spahi. Il la considérait, du reste, comme un être inférieur, l'égal à peu près de son *laobé* jaune ; il ne se donnait guère la peine de chercher à démêler ce qu'il pouvait bien y avoir au fond de cette petite âme noire, noire, — noire comme son enveloppe de Khassonkée.

Elle était dissimulée et menteuse, la petite Fatou, avec une dose incroyable de malice et de perversité ; Jean connaissait cela depuis longtemps. Mais il avait conscience aussi de ce dévouement de chien pour son maître, adoration de nègre pour son fétiche ; et, sans savoir positivement quel degré d'héroïsme ce sentiment était capable d'atteindre, — il en était touché et attendri.

Quelquefois sa grande fierté se réveillait, sa dignité d'*homme blanc* se révoltait. La foi promise à sa fiancée, et trahie pour une petite fille noire, se dressait aussi devant sa conscience honnête ; il avait honte d'être si faible.

Mais elle était devenue bien belle, Fatou-gaye. Quand elle marchait, souple et cambrée, avec ce balancement de hanches que les femmes africaines semblent avoir emprunté aux grands félins de leur pays ; quand elle passait, avec une draperie de blanche mousseline jetée en péplum sur sa poitrine et ses épaules rondes, elle était d'une perfection antique ; quand elle dormait, les bras relevés au-dessus de la tête, elle avait une grâce d'amphore. Sous cette haute coiffure d'ambre, sa figure fine et régulière prenait par instants quelque chose de la beauté mystérieuse d'une idole en ébène poli ; ses grands yeux d'émail bleu qui se fermaient à demi, son sourire noir, découvrant lentement ses dents blanches, tout cela avait une grâce de nègre, un charme sensuel, une puissance de séduction matérielle, quelque chose d'indéfinissable, qui semblait tenir à la fois du singe, de la jeune vierge et de la tigresse, — et faisait passer dans les veines du spahi des ivresses inconnues.

Jean avait une sorte d'horreur superstitieuse pour toutes ces amulettes ; il y avait des instants où toute cette profusion de grigris le gênait, lui pesait, à la fin. Il n'y croyait pas, assurément ; mais en voir partout, de ces amulettes noires, et savoir qu'elles avaient presque toutes pour vertu de le retenir et de l'enlacer ; en voir à son plafond, à ses murailles ; en trouver de cachées sous ses nattes, sous son tara ; — de tapies partout, avec des airs malfaisants et des formes bizarres de petites choses vieilles et ensorcelées, — en s'éveillant le matin, en sentir de sournoisement glissées sur sa poitrine... il lui semblait qu'à la fin tout cela tissait autour de lui, dans l'air, des entraves invisibles et ténébreuses.

Et puis l'argent manquait aussi.
Bien décidément il se disait qu'il allait renvoyer Fatou. — Il emploierait ces deux dernières années à gagner enfin ses galons dorés ; il enverrait chaque mois à ses vieux parents une petite somme pour leur rendre la vie plus douce ; et il pourrait encore faire des économies pour rapporter des présents de noce à Jeanne Méry et subvenir lui-même convenablement aux dépenses de leur fête de mariage.

Mais, était-ce puissance d'amulettes, — ou force de l'habitude, — ou inertie de sa volonté endormie par toutes les lourdeurs de l'air ? Fatou continuait à le tenir sous sa petite main, — et il ne la chassait point.

Sa fiancée... il y songeait souvent... S'il eût fallu la perdre, il lui semblait que sa vie eût été brisée. — Il y avait comme un rayonnement autour de son souvenir. Il entourait d'une auréole cette *grande jeune fille* dont lui parlait sa mère, — qui *embellissait tous les jours,* lui avait-on écrit. — Il cherchait à se représenter sa figure de femme, en développant les traits de l'enfant de quinze ans qu'il avait quittée... Il rapportait à elle tous ses projets d'avenir et de bonheur... Mais c'était une chose précieuse qu'il savait posséder là-bas, bien loin, bien en sûreté, l'attendant au foyer. — Son image était déjà un peu affaiblie dans le passé, — encore un peu lointaine dans l'avenir, — et il la perdait de vue par instants.

Et ses vieux parents, qu'il les aimait aussi, ceux-là !... Il avait pour son père un amour filial bien profond, — une vénération qui était presque un culte.

Mais peut-être la place la plus tendre dans son cœur était-elle encore pour sa mère.

Prenez les matelots, les spahis, — tous ces abandonnés, tous ces jeunes hommes qui dépensent leur vie au loin sur la grande mer ou dans les pays d'exil, au milieu des conditions d'existence les plus rudes et les plus anormales ; — prenez les plus mauvaises têtes ; — choisissez les plus insouciants, les plus débraillés, les plus tapageurs ; — cherchez dans leur cœur, dans le recoin le plus sacré et le plus profond : souvent dans ce sanctuaire vous trouverez une vieille mère assise, — une vieille paysanne de n'importe où, — une Basque en capulet de laine, — ou une brave bonne femme de Bretonne en coiffe blanche.

13

POUR la quatrième fois l'hivernage est arrivé. Des journées accablantes, sans un souffle dans l'atmosphère.

— Le ciel, terne et plombé, se reflète dans une mer unie comme de l'huile, où s'ébattent de nombreuses familles de requins ; et, tout le long de la côte d'Afrique, la ligne monotone des sables prend, sous la réverbération du soleil, une teinte éclatante de blancheur.

Ce sont les jours des grands combats de poissons.

Tout à coup la surface molle et polie se ride sans cause appréciable sur une étendue de plusieurs centaines de mètres, s'émiette et grésille en petites gouttelettes tourmentées. — C'est un banc immense de fuyards qui détale à fleur d'eau de toute la vitesse de ses millions de nageoires, devant la voracité d'une troupe de requins.

Ce sont aussi les jours aimés des piroguiers noirs, les jours choisis pour les traversées longues et les courses de vitesse.

Dans ces journées où il semble que, pour nos organes européens, cet air lourd ne soit plus respirable, que la vie nous échappe, que le mouvement nous devienne impossible ; — dans ces jours-là, si vous dormez sur quelque bateau du fleuve, à l'ombre d'une tente mouillée, — souvent au milieu de votre pénible sommeil du midi, vous serez éveillé par les cris et les sifflements des rameurs, — par un grand bruit d'eau qui fuit, battue fiévreusement à coups de pagaye. — C'est une bande de pirogues qui passe, une joute furieuse sous un soleil de plomb.

Et la population noire est là, debout, qui s'est éveillée et attroupée sur la plage. — Les spectateurs excitent les concurrents par un grand vacarme, — et là-bas, comme chez nous, les vainqueurs sont accueillis par des battements de mains, les vaincus par des huées.

14

JEAN ne paraissait au quartier des spahis que le temps qu'exigeait strictement l'exécution de son service ;

encore ses camarades le remplaçaient-ils souvent. — Ses chefs fermaient les yeux sur ces arrangements qui lui permettaient de passer dans son logis particulier presque toutes ses journées.

Maintenant tout le monde l'aimait ; le charme d'intelligence et d'honnêteté qui se dégageait de lui ; le charme de son extérieur, de sa voix, de ses allures, avait exercé peu à peu sur tous son influence inconsciente. Jean avait fini, malgré tout, par conquérir la confiance et l'estime, par se créer une sorte de situation à part, qui lui donnait presque l'indépendance et la liberté ; il avait trouvé le moyen d'être un soldat ponctuel et correct, tout en étant presque un homme libre.

15

UN soir, il rentrait pour un appel de retraite. Le vieux quartier n'avait plus son aspect d'accablement habituel. — Dans la cour, des groupes causaient bruyamment ; il y avait des spahis qui montaient ou descendaient les escaliers quatre à quatre, — comme sous l'influence d'une joie folle. On devinait du nouveau dans l'air.

— Grande nouvelle pour toi, Peyral ! lui cria Muller l'Alsacien, — tu pars demain, — tu pars pour Alger, heureux garçon que tu es !

Douze spahis nouveaux étaient arrivés de France par le bateau de Dakar ; douze des plus anciens allaient partir — (et Jean était du nombre) — pour aller par faveur finir en Algérie leur temps de service.

On partait le lendemain soir pour Dakar.

A Dakar, on prendrait le paquebot de France, à destination de Bordeaux ; de là, on rejoindrait Marseille par les lignes du Midi, — avec des délais de route, permettant de circuler, de faire une apparition *au pays,* — pour ceux qui avaient un pays et un foyer ; — puis à

Marseille on prendrait le paquebot d'Alger, — ville de cocagne pour les spahis, — et les dernières années de service passeraient comme un rêve !

16

JEAN s'en retournait chez lui, longeant les berges tristes du fleuve. — La nuit étoilée tombait sur le Sénégal, chaude, lourde, étonnante de calme et de lumineuse transparence. — De légers bruits de courant dans l'eau du fleuve ; — et, assourdi dans le lointain, le tambour, l'*anamalis fobil* du printemps, qu'il entendait dans ce même lieu pour la quatrième fois, — qui était mêlé aux souvenirs de ses premières voluptés énervantes du pays noir, — et qui, maintenant, venait saluer son départ...

Le croissant mince de la lune ; les grosses étoiles qui scintillaient dans des vapeurs lumineuses, tout bas, près de l'horizon plat, les feux allumés sur l'autre rive, dans le village nègre de Sorr, — tout cela traçant sur l'eau tiède de vagues traînées de lueurs ; — de la chaleur immobilisée dans l'air, de la chaleur couvant sous les eaux, des phosphorescences partout : la nature ayant l'air saturé de chaleur et de phosphore ; un calme plein de mystère sur les bords du Sénégal, une tranquille mélancolie des choses...

C'était bien vrai, cette grande nouvelle inattendue ! — Il avait été aux renseignements : — c'était exact ; son nom était sur la liste de ceux qui allaient partir ; demain soir, il allait descendre ce fleuve pour ne revenir jamais...

Ce soir, rien à faire pour ce départ ; au quartier, les bureaux étaient fermés, tout le monde était dehors ; à demain les préparatifs de voyage ; — rien à faire ce soir qu'à songer, — à rassembler ses idées, — à se laisser aller à toutes sortes de rêves, — à dire adieu à tout dans la terre d'exil.

Il y avait dans sa tête un grand trouble de pensées, d'impressions incohérentes.

Dans un mois peut-être, faire une apparition rapide dans son village, embrasser en passant ses bien-aimés vieux parents, — voir Jeanne changée en grande fille sérieuse, — apercevoir tout cela en courant, — comme dans un rêve !... C'était là l'idée dominante qui revenait de minute en minute, lui donnant chaque fois au cœur une grande commotion qui le faisait battre plus vite...

Pourtant il n'était pas préparé à cette entrevue ; il y avait toute sorte de réflexions pénibles qui venaient se mêler à cette grande joie inespérée.

Quelle figure ferait-il, reparaissant au bout de trois années, sans avoir seulement gagné ses modestes galons de sergent, — sans rien apporter pour personne de son long voyage, dénué comme un pauvre hère, n'ayant ni sou ni maille ; — sans avoir eu le temps seulement de se munir d'une tenue neuve et convenable pour faire son entrée au village !

Non, vraiment, c'était trop précipité, ce départ : — cela le grisait ; cela l'enivrait, — mais pourtant on eût bien dû lui laisser devant lui quelques jours.

Et puis cette Algérie qu'il ne connaissait pas ne lui disait rien. — Aller encore s'acclimater ailleurs ! Puisque, à toute force, il fallait achever loin du foyer ces années retranchées de son existence, autant les finir ici même, au bord de ce grand fleuve triste, dont la tristesse maintenant lui était familière.

Hélas ! il aimait son Sénégal, le malheureux ; il s'en apercevait bien maintenant ; il y était attaché par une foule de liens intimes et mystérieux. Il était comme fou de joie à l'idée de ce retour ; — mais il tenait au pays de sable, à la maison de Samba-Hamet, — même à toute cette grande tristesse morne, — même à ces excès de chaleur et de lumière.

Il n'était pas préparé à s'en aller si vite.

Des effluves de tout ce qui l'entoure se sont infiltrés peu à peu dans le sang de ses veines ; il se sent retenu, enlacé par toute sorte de fils invisibles, d'entraves ténébreuses, d'amulettes noires.

Les idées s'embrouillent à la fin dans sa tête troublée ; la délivrance inattendue lui fait peur. — Dans l'accablement de cette nuit chaude, qu'on sent pleine d'émanations d'orage, des influences étranges et mystérieuses sont en lutte autour de lui : on dirait les puissances du sommeil et de la mort se débattant contre celles du réveil et de la vie...

17

C'EST brusque, les départs militaires. Le lendemain soir — tout son bagage empaqueté à la hâte, tous ses papiers en règle — Jean est accoudé au bastingage d'un navire qui descend le fleuve. En fumant sa cigarette, il regarde Saint-Louis s'éloigner.

Fatou-gaye est accroupie près de lui sur le pont. — Avec tous ses pagnes, tous ses grigris, emballés à la hâte dans quatre grandes calebasses, — elle a été prête à l'heure dite. — Jean a dû payer son passage jusqu'à Dakar, avec les derniers *khâliss* de sa solde. Il l'a fait de bon cœur, heureux de lui passer cette dernière fantaisie, et aussi de la garder un peu plus longtemps auprès de lui. — Les larmes qu'elle a versées, les *cris de veuve* qu'elle a poussés, suivant l'usage de son pays, tout cela était sincère et déchirant. — Jean a été touché jusqu'au fond du cœur par ce désespoir ; il a oublié qu'elle était méchante, menteuse et noire.

A mesure que son cœur s'ouvre à la joie du retour, il se prend pour Fatou de plus de pitié, même d'un peu de tendresse. — Il l'emmène à Dakar toujours ; c'est du temps de gagné, pour réfléchir à ce qu'il pourra faire d'elle.

DAKAR, une sorte de ville coloniale ébauchée sur du sable et des roches rouges. — Un point de relâche improvisé pour les paquebots à cette pointe occidentale de l'Afrique qui s'appelle le cap Verd. — De grands baobabs plantés çà et là sur des dunes désolées. — Des nuées d'aigles pêcheurs et de vautours planant sur le pays.

Fatou-gaye est là, — provisoirement installée dans une case de mulâtres. — Elle a déclaré qu'elle ne voulait plus revoir Saint-Louis ; là se bornent ses projets ; elle ne sait pas ce qu'elle va devenir, — ni Jean non plus. — Il a eu beau chercher, Jean, il n'a rien trouvé, rien imaginé pour elle, — et il n'a plus d'argent !...

C'est le matin, — le paquebot qui emportera les spahis doit partir dans quelques heures. — Fatou-gaye est là accroupie auprès de ses pauvres quatre calebasses qui contiennent sa fortune, — ne disant plus rien, ne répondant même plus, les yeux fixes, immobilisée dans une sorte de désespoir morne et abruti, — mais si réel et si profond, qu'il fend le cœur.

Et Jean est auprès d'elle debout, tourmentant sa moustache et ne sachant que faire.

La porte s'ouvre bruyamment tout à coup, et un grand spahi entre comme le vent, ému, les yeux animés, l'air anxieux et bouleversé.

C'est Pierre Boyer, qui a été pendant deux années à Saint-Louis le camarade de Jean, son voisin de chambrée. — Ils ne se parlaient guère, très renfermés qu'ils étaient tous deux, — mais ils s'estimaient, et quand Boyer est parti pour aller servir à Gorée, ils se sont serré les mains cordialement.

En ôtant son bonnet, Pierre Boyer murmure une

excuse rapide, pour être entré ainsi comme un fou ; et puis, avec effusion, il prend les mains de Jean :

— Oh ! Peyral, dit-il, je te cherche depuis avant le jour !... Ecoute-moi un moment, causons : j'ai une grande chose à te demander.

» Ecoute d'abord tout ce que je vais te dire, et ne te presse pas pour me répondre...

» Tu vas en Algérie, toi !... Demain, hélas ! moi, je pars pour le poste de Gadiangué, dans l'Ouankarah, — avec quelques autres de Gorée. — Il y a la guerre là-bas. — Trois mois à y passer à peu près, — et de l'avancement à gagner sans doute, — ou la médaille.

» Nous avons le même temps à faire tous deux, nous sommes du même âge. Cela ne changerait rien pour ton retour... Peyral, veux-tu permuter avec moi ?... »

Jean avait déjà compris, et tout deviné dès les premiers mots. — Ses yeux s'ouvraient tout grands dans le vague, comme dilatés par la tourmente intérieure. — Un flot tumultueux de pensées, d'indécisions, de contradictions, lui montait déjà à la tête ; — il songeait, les bras croisés, le front penché vers la terre, — et Fatou, qui comprenait, elle aussi, s'était redressée, haletante, attendant l'arrêt qui allait tomber de la bouche de Jean.

Puis l'autre spahi continuait, parlant avec volubilité, comme pour ne pas permettre à Jean de prononcer ce *non* qu'il tremblait d'entendre :

— Ecoute, Peyral, tu ferais une bonne affaire, je t'assure.

— Les autres, Boyer ?... Leur as-tu demandé, aux autres ?...

— Oui, ils m'ont refusé. Mais je le savais : ils ont des raisons, eux ! Tu feras une bonne affaire, vois-tu, Peyral. Le gouverneur de Gorée s'intéresse à moi ; il te promet sa protection si tu acceptes. Nous avions pensé à toi d'abord (regardant Fatou), parce que tu aimes ce pays-ci, c'est connu... Au retour de Gadiangué, on t'enverrait finir ton temps à Saint-Louis, c'est convenu avec le gouverneur : cela se ferait, je te jure.

— ... Nous n'aurons jamais le temps d'ailleurs,

interrompit Jean qui se sentait perdu, et qui voulait tenter de se raccrocher à une impossibilité.

— Si !... dit Pierre Boyer avec déjà une lueur de joie. Nous aurons le temps, Peyral, tout l'après-midi devant nous. Tu n'auras à t'occuper de rien, toi. Tout est arrangé avec le gouverneur, les papiers sont prêts. Ton consentement seulement, ta signature là-dessus, — et je repars pour Gorée, je reviens dans deux heures, et tout est fait. — Ecoute, Peyral : voici mes économies, trois cents francs, ils sont à toi. Cela pourra toujours t'aider, à ton retour à Saint-Louis, pour t'installer, te servir à quelque chose, à ce que tu voudras.

— Oh !... merci !... répondit Jean ; on ne me paye pas, moi !...

Il tourna la tête avec dédain, — et Boyer, qui comprit qu'il avait fait fausse route, lui prit la main en disant : « Ne te fâche pas, Peyral ! » Et il garda la main de Jean dans la sienne, et tous deux restèrent là, l'un devant l'autre, anxieux et ne parlant plus...

Fatou, elle, avait compris qu'elle pouvait tout perdre en disant un mot. Seulement elle s'était remise à genoux, récitant tout bas une prière noire, enlaçant de ses bras les jambes du spahi, et se faisant traîner par lui.

Et Jean, qui s'ennuyait d'étaler cette scène aux yeux de cet autre homme, lui disait rudement :

— Allons, Fatou-gaye, laisse-moi, je te prie. Es-tu devenue folle, maintenant ?...

Mais Pierre Boyer ne les trouvait pas ridicules ; au contraire, il était ému.

Et un rayon de soleil matinal, en glissant sur le sable jaune, entrait par l'ouverture de la porte, illuminant en rouge les vêtements des deux spahis, — éclairant leurs jolies têtes énergiques, égarées de trouble et d'indécision, — faisant briller les anneaux d'argent sur les bras souples de Fatou, qui se tordaient comme des couleuvres aux genoux de Jean, — accusant la nudité triste de cette case africaine de bois et de chaume, où ces trois êtres jeunes et abandonnés allaient décider de leurs destinées...

— Peyral, continua tout bas l'autre spahi d'une voix douce, Peyral, c'est que, vois-tu, je suis Algérien, moi. Tu sais ce que c'est : j'ai là-bas, à Blidah, mes braves vieux parents qui m'attendent ; ils n'ont plus que moi. Tu dois bien comprendre ce que c'est, toi, que de rentrer au pays.

— Eh bien, oui ! dit Jean en rejetant en arrière son bonnet rouge, en frappant du pied par terre. — Allons, oui !... J'accepte, je permute, je reste !...

Le spahi Boyer le serra dans ses bras et l'embrassa. Et Fatou, toujours roulée par terre, eut un cri de triomphe, puis se cacha la figure contre les genoux de Jean, avec une espèce de râlement de fauve, terminé en éclat de rire nerveux, et suivi par des sanglots...

19

IL fallait se presser. Pierre Boyer partit comme il était venu, comme un fou, emportant à Gorée le précieux papier sur lequel le pauvre Jean avait mis sa grosse signature de soldat, bien correcte et bien lisible.

A la dernière heure, tout se trouva régularisé, contresigné, parafé ; les bagages transbordés, la substitution opérée ; — tout cela bâclé si vite qu'à peine les deux spahis avaient eu le temps de penser.

A trois heures précises, le paquebot se mit en route emportant Pierre Boyer.

Et Jean resta.

20

Mais, quand ce fut fini, irrévocable, et qu'il se retrouva là, sur la plage de sable, voyant ce navire qui partait, — il lui vint au cœur un désespoir fou ; — une affreuse angoisse, dans laquelle il y avait de la terreur de ce qu'il venait de faire, de la rage contre Fatou-gaye, de l'horreur pour la présence de cette fille noire, et comme un besoin de la chasser loin de lui ; — et tout un immense et profond amour réveillé pour son foyer chéri, pour les êtres bien-aimés qui l'attendaient là-bas et qu'il n'allait plus voir...

Il lui semblait qu'il venait de signer une espèce de pacte à mort avec ce pays sombre et que c'était fini de lui... Et il partit en courant sur les dunes, sans trop savoir où il allait, — pour respirer de l'air, pour être seul, pour suivre des yeux surtout, le plus longtemps possible, ce navire qui s'enfuyait...

Le soleil était encore haut et brûlant quand il se mit en route, et ces plaines désertes, en grande lumière, avaient une saisissante majesté. Il marcha longtemps le long de la côte sauvage, sur la crête des dunes de sable, pour voir plus loin, ou sur le haut des falaises rouges. Un grand vent passait sur sa tête, et agitait à ses pieds toute l'immensité de cette mer, où le navire fuyait toujours.

Il ne sentait plus brûler le soleil, tant sa tête était perdue.

Rivé encore pour deux années de plus à ce pays, quand il eût pu être là-bas, s'en allant sur la mer, en route pour son cher village !... Quelles influences ténébreuses, quels sortilèges, quelles amulettes l'avaient retenu là, mon Dieu !

Deux années ! cela finirait-il jamais, y aurait-il réellement un terme, une délivrance à cet exil ?...

Et il courait vers le nord, dans la direction du navire, pour ne pas encore le perdre de vue. Il se déchirait aux plantes épineuses, et il lui arrivait dans la poitrine comme une grêle de grandes sauterelles folles, qu'il dérangeait en passant dans les hautes herbes de l'hivernage...

Il était très loin, seul au milieu de cette âpre campagne du cap Verd, silencieuse et morne.

Il voyait devant lui, depuis longtemps, un grand arbre isolé, plus grand même que les baobabs, avec un feuillage épais et sombre, quelque chose de si immense qu'on eût dit un de ces géants de la flore de l'ancien monde, oublié là par les siècles.

Il s'assit épuisé sur le sable, sous ce grand dôme d'ombre, et, baissant la tête, il se mit à pleurer...

Quand il se releva, le navire avait disparu, et c'était le soir.

Le soir, la tristesse plus calme et plus froide. A cette heure crépusculaire, le grand arbre était une masse absolument noire, se dressant au milieu de l'immense solitude africaine.

Devant lui, au loin, les infinis tranquilles de la mer apaisée. En bas, à ses pieds, les falaises en terrasses jusqu'au grand cap Verd, des plans de terrains monotones, déchirés de ravines régulières sans végétation, — paysage profond, d'un aspect navrant.

Par-derrière, du côté de l'intérieur, à perte de vue, des plis mystérieux de collines basses, des silhouettes lointaines de baobabs, semblables à des silhouettes de madrépores.

Plus un souffle dans l'épaisse atmosphère. Le soleil déjà éteint s'affaisse dans des vapeurs lourdes, son disque jaune étrangement grandi et déformé par le mirage... Partout, dans le sable, des daturas ouvrent au soir leurs grands calices blancs ; ils alourdissent l'air d'un parfum malsain, l'air est chargé de senteurs malfaisantes de belladone. Les phalènes courent sur les fleurs empoisonnées. On entend partout dans les hautes herbes le rappel plaintif des tourterelles.

Toute cette terre d'Afrique est couverte d'une vapeur de mort, l'horizon est déjà vague et sombre.

Là-bas, derrière lui, c'est l'*intérieur* mystérieux qui le faisait rêver autrefois... à présent il n'est plus rien jusqu'à Podor ou Médine, jusqu'à la terre de Galam, ou jusqu'à la mystérieuse Tombouctou, rien qu'il désire voir.

Toutes ces tristesses, tous ces étouffements, il les connaît ou il les devine. Sa pensée est ailleurs maintenant, — et tout ce pays à la fin lui fait peur.

Il ne désire plus que se dégager de tous ces cauchemars, — s'en aller, — partir à tout prix !

De grands bergers africains à tête farouche passent, chassant devant eux, vers les villages, leurs maigres troupeaux de bœufs bossus.

Cette image du soleil que la Bible eût appelée un *signe du ciel* disparaît lentement, comme un pâle météore. Voici la nuit... Tout s'assombrit dans la vapeur malsaine, et le silence se fait profond... Sous le grand arbre, c'est comme un temple.

Et Jean songe à sa chaumière à cette heure des soirs d'été, — et à sa vieille mère, et à sa fiancée, — et il lui semble que tout est fini, — il rêve qu'il est mort, et qu'il ne les reverra plus...

21

LE sort en était jeté maintenant, il fallait suivre sa destination.

Deux jours après, Jean s'embarqua, à la place de son ami, sur un petit bâtiment de la marine de guerre, pour se rendre au poste lointain de Gadiangué, dans l'Ouankarah. On envoyait un peu de monde et de munitions pour renforcer ce poste perdu. Dans le pays d'alentour, les affaires s'embrouillaient, les caravanes ne passaient plus ; il y avait ces démêlés d'intérêts nègres, entre peuplades rapaces, entre rois pillards. Et l'on pensait que cela finirait avec l'hivernage, et, dans trois ou quatre mois, au retour, suivant la promesse faite au spahi Boyer par le gouverneur de Gorée, Jean serait de nouveau dirigé sur Saint-Louis et terminerait là son temps de service.

Il y avait beaucoup de monde entassé sur ce petit bateau. Il y avait d'abord Fatou, qui avait réussi à se faire admettre, à force de persistance et de ruse, en passant pour la femme d'un *tirailleur noir.* Elle était là, elle *suivait,* avec ses quatre calebasses et tout son bagage.

Il y avait une dizaine de spahis de la garnison de Gorée, qu'on envoyait camper pour une saison dans cet exil. Et puis une vingtaine de tirailleurs indigènes, qui traînaient après eux toute leur famille.

Ils emmenaient, ceux-ci, une smalah curieuse : plusieurs femmes pour chacun et plusieurs enfants ; comme provisions de bouche, du mil dans des calebasses ; puis les vêtements, le ménage, — toujours dans des calebasses ; — en outre, des amulettes par monceaux, et une foule d'animaux domestiques.

Au départ, c'était à bord une grande agitation et un grand encombrement. A première vue, on se disait que jamais on ne se dépêtrerait de tant de monde et de tant d'objets.

Erreur cependant ; après une heure de route, tout était merveilleusement tassé et immobile. Les négresses passagères dormaient à terre sur le pont, roulées dans leurs pagnes, aussi serrées et aussi tranquilles que des poissons dans une boîte de conserves, et le navire filait doucement vers le sud, s'enfonçant peu à peu dans des régions de plus en plus chaudes et bleues.

22

UNE nuit de calme sur la mer équatoriale.

Un *absolu* de silence, au milieu duquel les plus légers frôlements de voiles deviennent perceptibles ; — de temps à autre, sur le pont, on entend gémir quelque négresse qui rêve ; les voix humaines vibrent avec des sons effrayants.

Une tiède torpeur des choses. Dans l'atmosphère, les immobilités stupéfiantes du sommeil d'un monde.

Un immense miroir reflétant de la nuit, de la transparence chaude ; — une mer laiteuse pleine de phosphore.

On dirait qu'on est entre deux miroirs qui se regardent, et se reflètent l'un l'autre sans fin ; on dirait qu'on est dans le vide : il n'y a plus d'horizon. Au loin, les deux nappes se mêlent, tout est fondu, le ciel et les eaux, dans des profondeurs cosmiques, vagues, infinies.

Et la lune est là, très basse, — comme un gros rond de feu rouge sans rayons, en suspension au milieu d'un monde de vapeurs d'un gris de lin pâle et phosphorescent.

Aux premiers âges géologiques, avant que *le jour fût séparé des ténèbres,* les choses devaient avoir de ces tranquillités d'attente. Les repos entre les créations devaient avoir de ces immobilités inexprimables, — aux époques où les mondes n'étaient pas condensés, où la lumière était diffuse et indéfinie dans l'air, où les nues suspendues étaient du plomb et du fer incréés, où toute l'éternelle matière était sublimée par l'intense chaleur des chaos primitifs.

23

ON est en route depuis trois jours.

Au lever du soleil, tout est noyé dans une éclatante nuance d'or.

Et, en se levant, le soleil de cette quatrième journée éclaire dans l'est une grande ligne verte — d'abord d'un vert tout doré aussi, puis d'un vert si invraisemblable et si vert, qu'on la dirait tracée avec une peinture chinoise, avec une fine et précieuse couleur d'éventail.

Cette ligne, c'est la côte de Guinée.

On est arrivé à l'embouchure du Diakhallémé, et le navire qui porte les spahis se dirige vers l'entrée large du fleuve.

Le pays est là aussi plat qu'au Sénégal, mais la nature est différente : c'est déjà la région où les feuilles ne tombent plus.

Partout une verdure surprenante, une verdure déjà équatoriale, d'une jeunesse éternelle, celle-là, et d'un vert d'émeraude, d'un de ces verts que nos arbres n'atteignent jamais, même dans la splendeur de nos mois de juin.

A perte de vue, ce n'est qu'une même forêt sans fin, d'une platitude uniforme, se mirant dans l'eau inerte et chaude, — une forêt malsaine, au sol humide, où les reptiles fourmillent.

24

C'ETAIT encore triste et silencieux, ce pays-là, et pourtant cela reposait la vue, après tous ces sables du désert.

Au village de Poupoubal sur le Diakhallémé, le navire s'arrêta, ne pouvant remonter plus haut.

Les passagers furent débarqués, pour attendre les canots ou les pirogues qui devaient les conduire jusqu'à leur destination.

25

UNE nuit de juillet, à neuf heures, Jean prit place avec Fatou et les spahis de Gorée, dans un canot monté par dix rameurs noirs, sous la conduite de Samba-Boubou, patron habile et pilote éprouvé des rivières de Guinée, pour remonter jusqu'au poste de Gadiangué, situé en amont à une distance de plusieurs lieues.

Cette nuit était sans lune, mais sans nuages, chaude et étoilée, — une vraie nuit de l'équateur. — Ils glissaient sur la rivière calme avec une étonnante vitesse, emportés vers l'intérieur par un courant rapide et par l'infatigable effort de leurs rameurs.

Et les deux rives défilaient mystérieusement dans l'obscurité ; les arbres, massés par la nuit, passaient comme de grandes ombres, et les forêts fuyaient après les forêts.

Samba-Boubou conduisait le chant des rameurs noirs ; sa voix triste et grêle donnait une note haute, d'un timbre sauvage, et puis se traînait en plainte jusqu'aux extrêmes basses, et le chœur reprenait alors, d'une voix lente et grave ; et, pendant de longues heures, on entendit la même phrase étrange, suivie de la même réponse des rameurs... Ils chantèrent longtemps les louanges des spahis, celles de leurs chevaux, même celles de leurs chiens, ensuite les louanges des guerriers de la famille Soumaré, et celles encore de Saboutané, une femme légendaire des bords de la Gambie.

Et, quand la fatigue ou le sommeil ralentissait le mouvement régulier des rames, Samba-Boubou sifflait entre ses dents, et ce sifflement de reptile répété par tous ranimait leur ardeur comme par magie...

Ils glissèrent ainsi en pleine nuit tout le long des grands *bois sacrés* de la religion mandingue, dont les arbres antiques étendaient au-dessus de leurs têtes de massives ramures grises ; des structures anguleuses, des aspects gigantesques d'ossements, de grandes rigidités de pierre, se dessinant vaguement à la lueur diffuse des étoiles, — et puis passant...

Au chant des noirs, au bruit de l'eau qui fuyait, se mêlait la voix sinistre des singes hurleurs dans les bois, ou des cris d'oiseaux de marais : tous les appels, tous les tristes cris de la nuit dans la sonorité des forêts... Des cris humains aussi parfois, des cris de mort dans le lointain, des fusillades et des coups sourds de tam-tam de guerre... De grandes lueurs d'incendie s'élevaient de loin en loin au-dessus des forêts, quand on passait dans les parages d'un village africain ; — on se battait déjà dans tout ce pays : Sarakholés contre Landoumans, Nalous contre Toubacayes, et tous les villages brûlaient.

Et puis, pendant des lieues, tout retombait dans le silence, silence de la nuit et des forêts profondes. Et toujours même chant monotone, même bruit de rames fendant l'eau noire, même course fantastique, comme dans le pays des ombres ; l'eau les emportait toujours dans son courant rapide ; toujours des silhouettes de hauts palmiers passant sur leurs têtes, toujours des forêts s'enfuyant après des forêts... Leur course semblait s'accélérer d'heure en heure ; la rivière s'était singulièrement rétrécie, ce n'était plus qu'un ruisseau qui courait dans les bois, et les entraînait vers l'intérieur ; la nuit était profonde.

Les noirs continuaient de chanter leurs louanges ; Samba-Boubou, de pousser son étrange note de tête mêlée à la voix des singes hurleurs, — et le chœur, de faire sa sombre réponse ; ils chantaient comme dans une espèce de rêve, ils ramaient avec fureur, comme galvanisés, avec la fièvre d'arriver, avec une force surhumaine...

118

La rivière s'encaisse enfin entre deux rangs de collines boisées. Des lumières s'agitent là-haut sur un grand rocher qui se dessine devant eux, les lumières semblent courir et descendre sur les berges. Samba-Boubou allume une torche et pousse un cri de ralliement. Ce sont les gens de Gadiangué qui viennent à leur rencontre ; — ils sont arrivés.

Gadiangué est perché là au sommet de ce rocher vertical. Ils y montent par des sentiers ardus et des noirs les éclairent avec des torches, et s'endorment là-haut sur des nattes, dans une grande case qu'on leur a préparée, en attendant le jour, qui ne tardera pas à paraître.

26

Eveille le premier, après une heure à peine de sommeil, Jean, en ouvrant les yeux, vit les blancheurs du jour qui commençaient à filtrer dans une case de planches, éclairant des jeunes hommes à moitié nus qui reposaient à terre, la tête sur leurs vestes rouges : des Bretons, des Alsaciens, des Picards, — presque tous des têtes blondes du Nord, — et Jean avait en ce moment, au réveil, une sorte de conception illuminée, de vue d'ensemble triste et mystérieuse, de toutes ces destinées d'exilés, follement dépensées, et guettées par la mort.

Et puis, tout près de lui, une forme gracieuse de femme, deux bras noirs cerclés d'argent qui s'arrondissaient vers lui comme pour l'enlacer.

Alors, peu à peu, il se rappela qu'il était arrivé la nuit dans un village de la Guinée, perdu au milieu d'immenses régions sauvages, qu'il était là plus loin que jamais de la patrie, dans un lieu où les lettres même n'arrivaient plus.

Sans bruit, pour ne pas troubler Fatou et les spahis qui dormaient encore, il s'approcha de la fenêtre ouverte, et regarda ce pays inconnu.

Il dominait un précipice de cent mètres de haut. Cette case où il était semblait suspendue au-dessus, dans l'air. A ses pieds, un paysage de l'intérieur, à l'aube matinale, à peine éclairé encore de lueurs pâles.

Des collines abruptes, sur lesquelles étaient massées des verdures qu'il n'avait jamais vues.

En bas, tout au fond, le fleuve qui l'avait amené, se traînant en long ruban argenté sur la vase, à demi voilé par un blanc nuage de vapeurs matinales, — les caïmans posés sur les berges paraissant de petits lézards, vus de si haut ; — une senteur inconnue dans l'air.

Les rameurs exténués dormaient là, en dessous, à la place où ils étaient restés la veille, couchés dans leur canot, sur leurs rames.

27

UN ruisseau limpide courait sur un lit de pierres sombres, entre deux murailles de roches humides et polies. Des arbres faisaient voûte au-dessus ; tout cela si frais, qu'on se serait cru partout ailleurs que dans un recoin ignoré au milieu de l'Afrique.

Partout des femmes nues, de la même nuance que ces rochers, d'un brun rouge elles-mêmes, et la tête chargée d'ambre, — étaient là qui lavaient des pagnes et se racontaient, avec animation, les combats, les événements de la nuit. — Des guerriers passaient à gué, armés de pied en cap, s'en allant en guerre.

Jean faisait sa première promenade autour de ce village où sa destinée nouvelle venait de l'amener, pour un temps dont il ignorait la durée. Les affaires décidément s'embrouillaient, et le petit poste de Gadiangué prévoyait le moment où il fermerait ses portes pour laisser à la politique nègre le temps de s'apaiser, — comme on ferme sa fenêtre pour une averse qui passe.

Mais tout cela était mouvementé, vivant, original à l'excès. Il y avait de la verdure, des forêts, des fleurs, des montagnes et des eaux vives, une grande splendeur terrible dans la nature...

Tout cela n'était pas triste, et tout cela était inconnu.

Dans le lointain, le bruit du tam-tam. Une musique de guerre qui se rapproche. La voici tout près, assourdissante, et les femmes qui lavaient dans le ruisseau clair, et Jean avec elles, lèvent la tête et regardent en haut, dans la trouée bleue encadrée par les roches polies. C'est un chef allié qui passe, au-dessus d'eux, — à la manière des singes, sur des troncs d'arbres renversés, en grande pompe, musique en tête... Et les armes et les amulettes des guerriers de sa suite brillent au soleil, et tout cela défile d'un pas alerte et léger, sous l'accablante chaleur.

Il est près de midi quand Jean remonte au village, par des sentiers de verdure.

Parmi les grands arbres, les cases de Gadiangué sont groupées à l'ombre ; elles sont hautes, presque élégantes, sous leurs grands toits de chaume. Des femmes dorment à terre sur des nattes ; d'autres assises sous des vérandas bercent des petits enfants avec des chansons lentes. Et des guerriers, armés de pied en cap, se racontent leurs exploits de la veille, en essuyant leurs grands couteaux de fer...

Non, tout cela n'est pas triste, décidément. Cet air si chaud est d'une lourdeur terrible ; mais pourtant ce n'est plus cet accablement morne des rives du Sénégal, et la puissante sève équatoriale circule partout.

Jean regarde, et se sent vivre. Il ne regrette plus d'être venu maintenant ; son imagination n'avait rien soupçonné de pareil.

Plus tard, *au pays,* quand il sera de retour, il sera

heureux d'avoir mis le pied dans cette région lointaine, et de s'en souvenir.

Il entrevoit ce séjour dans l'Ouankarah comme un
temps de liberté à passer dans un merveilleux pays de
chasse, de verdure et de forêts ; il l'accepte comme un
répit à l'écrasante monotonie du temps, — à la régularité mortelle de l'exil.

28

JEAN avait une pauvre vieille montre d'argent à
laquelle il tenait comme Fatou à ses amulettes ; — la
montre de son père qu'au moment de son départ
celui-ci lui avait donnée. Avec une médaille qu'il
portait sur sa poitrine, attachée à son cou par une
chaîne, c'était ce à quoi il tenait le plus au monde.

La médaille était à l'effigie de la Vierge. Elle avait
été mise là par sa mère, une fois qu'il avait été
malade, étant tout enfant, tout petit... Il s'en souvenait pourtant, du jour où cette médaille avait été mise
à cette place qu'elle n'avait jamais quittée. Il était
dans son premier petit lit, atteint de je ne sais quelle
maladie d'enfant, — la seule qu'il ait eue dans sa vie.
— En se réveillant une fois, il avait vu sa mère auprès
de lui, pleurant ; c'était un après-midi d'hiver, il y
avait de la neige qu'on voyait par la fenêtre, comme
un manteau blanc sur la montagne... Sa mère, en
soulevant tout doucement sa petite tête, lui avait
passé au cou cette médaille ; puis elle l'avait embrassé
et il s'était rendormi.

Il y avait de cela plus de quinze ans ; depuis, le cou
avait beaucoup grossi, et la poitrine s'était beaucoup
élargie, mais la médaille était toujours restée à sa
place, — et il n'avait jamais tant souffert qu'une fois,
la première nuit qu'il avait passée dans un mauvais
lieu : les mains de je ne sais quelle fille avaient

rencontré la médaille sacrée, — et la créature s'était mise à rire en la touchant...

Quant à la montre, il y avait quelque quarante ans qu'elle avait été achetée, — pas neuve, — par son père, du temps qu'il était au service, avec ses premières économies de soldat. Elle avait été autrefois, paraît-il, une montre très remarquable ; mais à présent elle était un peu démodée et grosse et renflée, à sonnerie, accusant un âge très vénérable.

Son père la considérait encore comme un objet d'un rare mérite. (Les montres n'étaient pas très répandues parmi les montagnards de son village.) L'horloger d'un bourg voisin qui l'avait réparée au moment du départ de Jean pour le service, en avait déclaré le mouvement très remarquable ; — et son vieux père lui avait confié avec toute sorte de recommandations cette compagne de sa jeunesse.

Jean l'avait portée d'abord ; mais voilà qu'au régiment, quand il regardait l'heure, il entendait des éclats de rire. On avait fait des plaisanteries si déplacées sur *cet oignon,* que le pauvre Jean en était devenu, deux ou trois fois, tout rouge de colère et de chagrin. Entendre manquer de respect à cette montre, il eût mieux aimé recevoir toute sorte d'injures pour lui-même, et des soufflets en plein visage qu'il eût pu rendre. Cela lui faisait d'autant plus de peine que, intérieurement, il avait bien été forcé de reconnaître, lui aussi, qu'elle était un peu ridicule, cette pauvre chère vieille montre. Il s'était mis à l'en aimer davantage ; cela lui faisait une peine inexprimable de la voir ainsi conspuée, — et surtout de la trouver si drôle lui-même.

Alors il avait cessé de la porter, pour lui épargner ces affronts. Même il ne la remontait plus, pour ne pas la fatiguer ; d'autant qu'après les secousses de ce voyage, et sous l'influence de ce climat très chaud auquel elle n'était pas habituée, elle s'était mise à indiquer les heures les plus invraisemblables, — à battre tout à fait la campagne.

Il l'avait serrée avec amour dans une boîte où étaient

123

ses objets les plus précieux, ses lettres, ses petits souvenirs du pays. Cette boîte était la boîte aux fétiches, une de ces boîtes absolument sacrées, comme en ont toujours les matelots, et quelquefois les soldats.

Fatou avait défense formelle d'y toucher.

Cependant cette montre l'attirait. Elle avait trouvé le moyen d'ouvrir le coffret précieux, elle avait appris toute seule à remonter la montre, quand Jean n'était pas là, et à faire tourner les aiguilles et marcher la sonnerie ; et, en l'approchant tout près de son oreille, elle écoutait ces petits bruits fêlés avec des mines curieuses de ouistiti qui aurait trouvé une boîte à musique.

29

JAMAIS à Gadiangué on n'avait une sensation de fraîcheur ni de bien-être ; même plus de nuits fraîches, comme au Sénégal les nuits d'hiver.

Dès le matin, sous ces verdures admirables, même température lourde et mortelle ; dès le matin, avant le lever du soleil, dans ces forêts habitées par les singes tapageurs, les perroquets verts, les colibris rares ; dans ces sentiers pleins d'ombre, dans ces hautes herbes mouillées où glissaient des serpents, toujours, toujours, à toute heure et partout, même chaleur d'étuve, humide, accablante, empoisonnée... Les lourdeurs chaudes de l'équateur concentrées toutes les nuits sous le feuillage des grands arbres, et, partout, la fièvre dans l'air...

Au bout de trois mois, comme on l'avait prévu, le pays était calmé. La guerre, les égorgements noirs étaient finis. Les caravanes recommençaient à passer, apportant à Gadiangué, du fond de l'Afrique, l'or, l'ivoire, les plumes, tous les produits du Soudan et de la Guinée intérieure.

Et, l'ordre ayant été donné de faire rentrer les

renforts, un navire vint attendre les spahis à l'entrée du fleuve pour les ramener au Sénégal.

Hélas ! ils n'étaient plus tous là, les pauvres spahis ! Sur douze qui étaient partis, deux manquaient à l'appel du retour ; deux étaient couchés dans la terre chaude de Gadiangué, emportés par la fièvre.

Mais l'heure de Jean n'était pas venue, et, un jour, il refit en sens inverse la route qu'il avait parcourue trois mois auparavant dans le canot de Samba-Boubou.

30

C'ÉTAIT en plein midi, cette fois, dans une pirogue mandingue, à l'abri d'une tente mouillée.

On longeait les verdures épaisses de la rive, on passait sous les branches et sous les racines pendantes des arbres, pour profiter d'un peu d'ombre chaude et dangereuse qui tombait là sur l'eau.

Cette eau semblait stagnante et immobile, elle était lourde comme de l'huile, — avec de petites vapeurs de fièvre qu'on voyait planer çà et là sur sa surface polie.

Le soleil était au zénith ; il éclairait droit d'aplomb, au milieu d'un ciel d'un gris violacé, d'un gris d'étain, qui était tout terni par des miasmes de marais.

C'était quelque chose de si terrible, la chaleur qu'il faisait, que les rameurs noirs étaient obligés de se reposer malgré tout leur courage. L'eau tiède n'apaisait plus leur soif ; ils étaient épuisés et comme fondus en sueur.

Et alors, quand ils s'arrêtaient, la pirogue, entraînée tout doucement par un courant presque insensible, continuait son chemin à la dérive. Et les spahis pouvaient voir de tout près ce monde à part, — le

125

monde de dessous les palétuviers, qui peuple les marais de toute l'Afrique équatoriale.

A l'ombre, dans les fouillis obscurs des grandes racines, ce monde dormait.

Là, à deux pas d'eux qui passaient sans bruit, qui glissaient lentement sans éveiller même les oiseaux, — à les toucher, il y avait des caïmans glauques, allongés mollement sur la vase, bâillant, la gueule béante et visqueuse, l'air souriant et idiot ; — il y avait de légères aigrettes blanches qui dormaient aussi, roulées en boule neigeuse au bout d'une de leurs longues pattes, et posées, pour ne pas se salir, sur le dos même des caïmans pâmés ; — il y avait des martins-pêcheurs de tous les verts et de tous les bleus, qui faisaient la sieste au ras de l'eau dans les branches, en compagnie des lézards paresseux ; — et de grands papillons surprenants, éclos dans des températures de chaudière, qui s'ouvraient et se fermaient lentement, posés n'importe où, — ayant l'air de feuilles mortes quand ils étaient fermés, et tout brillants comme des écrins mystérieux quand ils étaient ouverts, tout étincelants de bleus nacrés et d'éclats de métal.

Il y avait surtout des racines de palétuviers, des racines et des racines, pendant partout comme des gerbes de filaments ; il y en avait de toutes les longueurs, de tous les calibres, s'enchevêtrant et descendant de partout, on eût dit des milliers de nerfs, de trompes, de bras gris, voulant tout enlacer et tout envahir : d'immenses étendues de pays étaient couvertes de ces enchevêtrements de racines. Et sur toutes les vases, sur toutes les racines, sur tous les caïmans, il y avait des familles pressées de gros crabes gris qui agitaient perpétuellement leur unique pince d'un blanc d'ivoire, comme cherchant à saisir en rêve des proies imaginaires. Et le mouvement de somnambule de tous ces crabes était, sous l'épaisse verdure, le seul grouillement perceptible de toute cette création au repos.

Quand les rameurs noirs avaient retrouvé leur haleine, ils reprenaient en sourdine leur chanson sauvage et ramaient avec fureur. Alors la pirogue des spahis fendait l'eau molle du Diakhallémé et descendait le cours sinueux du fleuve, en filant très vite au milieu des forêts.

A mesure qu'on se rapprochait de la mer, les collines et les grands arbres de l'intérieur disparaissaient. C'était de nouveau l'immense pays plat, sur lequel un tissu inextricable de palétuviers était jeté comme un uniforme manteau vert.

L'accablement de midi était passé, et quelques oiseaux volaient. Pourtant c'était silencieux toujours, ce pays ; à perte de vue, même uniformité, mêmes arbres, même calme. Plus qu'une monotone bordure de palétuviers, rappelant dans les lointains les formes connues des peupliers de nos rivières de France.

A droite et à gauche s'ouvraient, de distance en distance, d'autres cours d'eau aussi silencieux, qui s'en allaient se perdre au loin, bordés par les mêmes rideaux de la même verdure. Il fallait l'expérience consommée de Samba-Boubou pour se reconnaître dans le dédale de ces rivières.

On n'entendait aucun bruit ni aucun mouvement, excepté, de loin en loin, le plongeon énorme d'un hippopotame que dérangeait le bruit cadencé des rameurs, et qui s'en allait, en laissant sur le miroir des eaux ternes et chaudes de grands remous concentriques.

Aussi fermait-elle bien les yeux, Fatou, couchée tout au fond de la pirogue pour plus de sûreté, avec un double abri de feuilles et de toiles mouillées sur la tête. C'est qu'elle avait pris à l'avance ses informations, et savait quels hôtes on peut s'attendre à apercevoir sur ces bords.

Quand elle arriva à Poupoubal, elle avait accompli le voyage entier sans avoir osé rien regarder le long de la route. Jean, pour la décider à bouger, dut lui affirmer que très positivement on était arrivé ; que d'ailleurs il faisait nuit noire, et que le danger par conséquent n'existait plus.

Elle était tout engourdie au fond de sa pirogue, et répondait d'une voix dolente d'enfant câlin. Elle voulait que Jean la prît dans ses bras, et la mît lui-même à bord du navire de Gorée, ce qui fut fait. Ces manières réussissaient assez bien auprès du pauvre spahi, qui se laissait aller par instants à gâter Fatou, — par besoin de chérir quelqu'un, — par besoin de tendresse, et faute de mieux.

31

Le gouverneur de Gorée se souvint de la promesse qu'il avait faite au spahi Pierre Boyer : à son retour, Jean fut de nouveau dirigé sur Saint-Louis, pour y achever son temps d'exil.

Il éprouva une émotion, Jean, en voyant reparaître le pays du sable et la ville blanche ; il y était attaché, comme on l'est à tous les lieux où l'on a souffert et vécu longtemps. Et puis il eut un certain bonheur, aux premiers moments, à retrouver presque *une ville,* presque la civilisation, avec les habitudes et les amis d'autrefois ; toutes choses dont il avait fallu qu'il fût quelque temps privé, pour en faire au retour le moindre cas.

Les loyers sont peu courus à Saint-Louis du Sénégal. La maison de Samba-Hamet n'avait pas trouvé de nouveaux habitants ; Coura-n'diaye vit revenir Jean et Fatou, et leur rouvrit la porte de leur ancien logis.

Les jours reprirent, pour le spahi, leur cours monotone d'autrefois.

32

RIEN de changé dans Saint-Louis. Même tranquillité dans leur quartier. Les marabouts privés qui habitaient leur toit claquaient du bec en se pâmant au soleil, avec le même son de bois sec, d'engrenage de moulin à vent.

Les négresses pilaient toujours leur éternel kousskouss. Partout mêmes bruits familiers, même silence monotone, — même calme de la nature accablée.

Mais Jean était de plus en plus fatigué de toutes ces choses.

De jour en jour aussi, il se détachait de Fatou ; il était absolument dégoûté de sa maîtresse noire. Elle était devenue plus exigeante et plus mauvaise aussi, Fatou-gaye, — depuis surtout qu'elle avait eu conscience de son empire sur l'esprit de Jean, — depuis qu'il était resté à cause d'elle.

Il y avait fréquemment des scènes entre eux ; elle l'exaspérait quelquefois, à force de perversité et de malice. Alors il avait commencé à frapper à coups de cravache, pas bien fort au début, puis plus durement par la suite. Sur le dos nu de Fatou, les coups laissaient quelquefois des marques, comme des hachures, — noir sur noir. — Après il le regrettait, il en avait honte.

Un jour, en rentrant au logis, il avait vu de loin un *Khassonké*, une espèce de grand gorille noir, déguerpir prestement par la fenêtre. — Il n'avait même rien dit cette fois-là ; cela lui était égal, après tout, ce qu'elle pouvait faire...

C'était absolument fini des sentiments de pitié, ou peut-être de tendresse qu'il avait pu avoir un moment pour elle ; il en avait assez ; il en était lassé, écœuré. Par inertie seulement, il la gardait encore.

129

La dernière année était entamée ; tout cela sentait la fin, le départ. Il commençait à compter par mois !

Le sommeil l'avait fui, comme cela arrive à la longue, dans ces pays énervants. — Il passait des heures de nuit, accoudé à sa fenêtre, — respirant avec volupté les fraîcheurs de son dernier hiver, — et surtout rêvant du retour.

La lune, en achevant sa course tranquille sur le désert, le trouvait généralement là, à sa fenêtre. Il aimait ces belles nuits des pays chauds, ces clartés roses sur le sable, ces traînées argentées sur l'eau morne du fleuve, — chaque nuit, le vent lui apportait, des plaines de Sorr, le cri lointain des chacals — et même ce cri lugubre lui était devenu un bruit familier.

Et quand il songeait que bientôt il allait quitter tout cela pour toujours, — voilà maintenant que cette pensée jetait comme une tristesse vague sur la joie de revenir.

33

IL y avait plusieurs jours que Jean n'avait pas ouvert sa boîte aux choses précieuses, et pas vu sa vieille montre.

Il était au quartier, occupé à son service, — quand tout à coup il y songea avec un sentiment d'inquiétude.

Il rentra chez lui en marchant plus vite que de coutume, et, en arrivant, il ouvrit sa boîte.

Il sentit un coup au cœur ; il ne voyait plus la montre !... Il déplaça fiévreusement les objets... Non, elle n'y était plus !...

Fatou chantonnait d'un air indifférent, en le regardant de coin. Elle enfilait des verroteries, combinant des effets de tons pour ses colliers ; grands préparatifs pour les fêtes du lendemain, les bamboulas de la Tabaski auxquelles il fallait paraître belle et parée.

— C'est toi qui l'as changée de place ? Dis, vite, Fatou... Je te l'avais défendu, d'y toucher ! Où l'as-tu mise ?...

— *Ram!...* (Je ne sais pas!) répondit Fatou avec indifférence.

Une sueur froide commençait à perler au front de Jean, égaré d'anxiété et de colère. Il prit Fatou, la secouant rudement par le bras :

— Où l'as-tu mise ?... Allons, dis vite ?

— *Ram!...*

Alors tout à coup une lueur lui vint. Il venait d'apercevoir un pagne neuf, à zigzags bleus et roses, plié soigneusement, caché dans un coin, préparé pour la fête du lendemain !...

Il comprit, saisit le pagne, le déplia, et, le lançant par terre :

— Tu l'as vendue, cria-t-il, la montre ! Allons vite, Fatou, dis la vérité !...

Il la jeta à genoux sur le plancher, dans une rage folle, et prit sa cravache.

Elle savait bien, Fatou, qu'elle avait touché là un fétiche précieux, et que ce serait grave. — Mais elle avait l'audace de l'impunité : elle en avait déjà tant fait, et Jean avait tant pardonné.

Pourtant, jamais encore elle n'avait vu Jean comme cela ; elle poussa un cri, elle eut peur ; — elle se mit à embrasser ses pieds :

— Pardon, Tjean !... Pardon !...

Jean ne sentait pas sa force dans ces moments de fureur. Il avait de ces violences un peu sauvages des enfants qui ont grandi dans les bois. Il frappait rudement sur le dos nu de Fatou, marquant des raies d'où jaillissait le sang, et sa rage s'excitait en frappant...

Et puis il eut honte de ce qu'il avait fait, et, jetant sa cravache à terre, il se laissa tomber sur son tara...

34

Uɴ moment après, Jean s'en allait en courant au
marché de Guet-n'dar.

Fatou avait avoué à la fin, et donné le nom du
marchand nègre auquel elle l'avait vendue. Il espérait
bien qu'elle était là encore et qu'il pourrait la racheter,
sa pauvre vieille montre ; il venait de toucher son mois,
et cet argent devait suffire.

Il marchait très vite, il courait ; très pressé d'arriver,
— comme si, justement pendant le trajet, quelque
acheteur noir était là, la marchandant, prêt à l'empor-
ter.

A Guet-n'dar, sur le sable, tapage, confusion de tous
les types, babel de toutes les langues du Soudan. — Là
se tient perpétuellement le grand marché, plein de gens
de tous les pays, où l'on vend de tout, des choses
précieuses et des choses saugrenues, — des denrées
utiles et des denrées extravagantes, — des objets
invraisemblables, — de l'or et du beurre, — de la viande
et des onguents, — des moutons sur pied et des
manuscrits, — des captifs et de la bouillie, — des
amulettes et des légumes.

D'un côté, fermant le tableau, un bras du fleuve avec
Saint-Louis derrière : ses lignes droites et ses terrasses
babyloniennes ; ses blancheurs bleuâtres de chaux,
tachées de rougeurs de briques, — et, çà et là, le
panache jauni d'un palmier montant sur le ciel bleu.

De l'autre côté, Guet-n'dar, la fourmilière nègre aux
milliers de toits pointus.

Auprès, des caravanes qui stationnent, des chameaux
couchés dans le sable, des Maures déchargeant leurs
ballots d'arachides, — leurs sacs-fétiches en cuir
ouvragé.

Marchands et marchandes accroupis dans le sable,

riant ou se disputant ; bousculés, piétinés, eux et leurs produits, par les acheteurs.

— Hou ! dièndé m'pât !. . (marchandes de lait aigre, contenu dans des peaux de bouc cousues retournées le poil en dedans).

– Hou ! dièndé nébam !... (marchandes de beurre, — de race peuhle, — avec de grands chignons tricornes plaqués de cuivre, — pêchant leur marchandise à pleines mains dans des outres poilues ; — la roulant dans leurs doigts en petites boulettes sales à un sou la pièce, — et s'essuyant les pattes après dans leurs cheveux).

— Hou ! dièndé kheul !... dièndé khorompolé !... (marchandes de simples, de petits paquets d'herbes ensorcelées, de queues de lézards et de racines à propriétés magiques).

— Hou ! dièndé tchiakhkha !... dièndé djiarab !... (marchandes accroupies, de grains d'or, de grains de jade, de perles d'ambre, de ferronnières d'argent ; — tout cela étalé par terre sur des linges sordides, — et piétiné par les clients).

— Hou ! dièndé guerté !... dièndé khankhel !... dièndé iap-nior !... — (marchandes de pistaches, — de canards en vie, — de comestibles insensés, — de viandes séchées au soleil, de pâtes au sucre mangées par les mouches).

Marchandes de poisson salé, marchandes de pipes, marchandes de tout ; — marchandes de vieux bijoux, de vieux pagnes crasseux et pouilleux, sentant le cadavre ; — de beurre de Galam pour l'entretien crépu de la chevelure ; — de vieilles petites queues, coupées ou arrachées sur des têtes de négresses mortes, et pouvant resservir telles quelles, toutes tressées et gommées, toutes prêtes.

Marchandes de grigris, d'amulettes, de vieux fusils, de crottes de gazelles, de vieux *corans* annotés par les pieux marabouts du désert ; — de musc, de flûtes, de vieux poignards à manche d'argent, de vieux couteaux de fer ayant ouvert des ventres, — de tam-tams, de cornes de girafes et de vieilles guitares.

Et la truanderie, la haute pouillerie noire, assise alentour, sous les maigres cocotiers jaunes : de vieilles femmes lépreuses tendant leurs mains pleines d'ulcères blancs pour demander l'aumône, — et de vieux squelettes à moitié morts, les jambes gonflées d'éléphantiasis, avec de grosses mouches grasses et des vers pompant leurs plaies sur le vif.

Et des fientes de chameau par terre, et des fientes nègres, des débris de toutes sortes et des tas d'ordures. — Et là-dessus, tombant d'aplomb, un de ces soleils brûlants qu'on sentait là tout près de soi, dont le rayonnement cuisait comme celui d'un brasier trop rapproché.

Et toujours, et toujours, pour horizon le désert ; la platitude infinie du désert.

C'était là, devant l'étalage d'un certain Bob-Bakary-Diam, que Jean s'arrêta, interrogeant d'un regard anxieux et rapide, avec un battement de cœur, le monceau d'objets hétéroclites qui s'éparpillaient devant lui.

— Ah ! oui, mon blanc, dit Bob-Bakary-Diam, en yolof, avec un sourire tranquille, — la montre qui sonne ? — Il y a quatre jours, la jeune fille est venue me la vendre pour trois khâliss d'argent. — Bien fâché, mon blanc, — mais, comme elle sonnait, je l'ai vendue dès le même jour, — à un chef de Trarzas, qui est parti en caravane pour Tombouctou.

Allons, c'était fini !... Il n'y fallait plus penser, à la pauvre vieille montre !...

Il en éprouvait un désespoir, le pauvre Jean, un déchirement de cœur, comme s'il eût perdu par sa faute une personne bien-aimée.

Si encore il eût pu aller embrasser son vieux père, et lui demander pardon, cela l'aurait un peu consolé. — Si encore elle était tombée dans la mer, la montre, — ou dans le fleuve, ou dans quelque coin du désert, — mais ainsi vendue, profanée par cette Fatou !... Ça, c'était trop !... Il aurait pleuré presque, s'il ne s'était pas senti tant de rage au cœur contre cette créature.

C'était cette Fatou qui depuis quatre ans lui prenait son argent, sa dignité, sa vie !... Pour la garder il avait perdu son avancement, tout son avenir de soldat ; — pour elle il était resté en Afrique, pour cette petite créature méchante et perverse, noire de figure et d'âme, entourée d'amulettes et de sortilèges ! — Et il se montait la tête, en marchant au soleil ; contre ses maléfices il était pris d'une sorte d'horreur superstitieuse ; contre sa méchanceté et son impudence, et l'audace de ce qu'elle venait de faire, il était pris d'une fureur insensée. — Et il rentrait chez lui, marchant vite, le sang bouillonnant, — exaspéré de chagrin et de colère, — la tête en feu.

35

ELLE attendait, elle, avec une grande anxiété, ce retour.

Dès qu'il entra, elle vit bien qu'il ne l'avait pas retrouvée, la vieille montre qui sonnait.

Il avait l'air si sombre, qu'elle pensa que probablement il allait la tuer.

Elle comprenait cela ; — elle, si on lui avait pris une certaine amulette racornie, la plus précieuse qu'elle avait, que sa mère lui avait donnée quand elle était toute petite, en Galam, — oh ! elle se serait jetée sur le voleur, et l'aurait tué si elle avait pu.

Elle comprenait bien qu'elle avait fait là quelque chose de très mal, poussée par les mauvais esprits, par son grand défaut de trop aimer la parure. — Elle savait bien qu'elle était méchante. — Elle était fâchée d'avoir fait tant de peine à Jean ; cela lui était égal d'être tuée, — mais elle aurait voulu l'embrasser.

Quand il la battait, elle aimait presque cela maintenant, parce qu'il n'y avait guère que dans ces moments-là qu'il la touchait, et qu'elle pouvait le toucher, elle, en se serrant contre lui pour demander grâce. — Cette fois, quand il allait la prendre pour la tuer, comme elle n'aurait plus rien à risquer, elle mettrait toutes ses forces pour l'enlacer, et tâcher d'arriver jusqu'à ses lèvres ; après elle se cramponnerait à lui en l'embrassant jusqu'à ce qu'elle fût morte, — et cela lui serait égal.

S'il avait pu déchiffrer, le pauvre Jean, ce qui se passait dans ce petit cœur sombre, sans doute, pour son malheur, il aurait pardonné encore ; — ce n'était pas difficile de l'attendrir, lui.

Mais Fatou ne parlait pas, parce qu'elle comprenait que tout cela ne pouvait pas s'exprimer, et l'idée de cette lutte suprême où elle allait le tenir et l'embrasser, et mourir par lui, ce qui finirait tout, — cette idée lui plaisait ; — et elle attendait, fixant sur lui ses grands yeux d'émail, avec une expression de passion et de terreur.

Mais Jean était rentré, et il ne lui disait rien ; — il ne la regardait même pas, — alors elle ne comprenait plus.

Il avait même jeté sa cravache en entrant, — parce qu'il était honteux d'avoir été brutal avec une petite fille et qu'il ne voulait pas recommencer.

Seulement il s'était mis à arracher toutes les amulettes pendues aux murs et les jetait par les fenêtres.

Puis il prit les pagnes, les colliers, les boubous, les calebasses — et, sans rien dire toujours, il les lançait, dehors sur le sable.

Et Fatou commençait à comprendre ce qui l'attendait ; elle devinait que tout était fini, et elle était atterrée.

Quand tout ce qui était à elle fut dehors, éparpillé sur la place, Jean lui montra la porte, en disant simplement, entre ses dents blanches serrées, d'une voix sourde qui n'admettait pas de réplique :

— Va-t'en !!!

Et Fatou, la tête baissée, s'en alla sans rien dire.

Non, elle n'avait rien imaginé d'aussi horrible que d'être chassée ainsi. Elle se sentait devenir folle, — et elle s'en allait sans oser lever la tête, sans trouver un cri à pousser, ni un mot à dire, ni une larme à verser.

36

ALORS Jean se mit à ramasser avec calme tout ce qui était à lui, à plier ses effets soigneusement, comme pour faire son sac de soldat ; il empaquetait avec soin, par habitude d'ordre prise malgré lui au régiment, — et se dépêchait tout de même, de peur d'être pris de regret, et de faiblir.

Il se sentait un peu consolé par cette exécution terrible, par cette satisfaction donnée à la mémoire de la vieille montre ; — heureux d'avoir eu définitivement ce courage, — se disant que bientôt il embrasserait son père, lui conterait tout pour avoir son pardon.

Puis, quand il eut fini, il descendit chez Coura-n'diaye, la griote. — Il vit Fatou qui s'était réfugiée là, immobile, accroupie dans un coin. — Les petites esclaves avaient ramassé ses affaires dehors, et les avaient mises dans les calebasses près d'elle.

Jean ne voulut même pas la regarder. — Il s'approcha de Coura-n'diaye, paya son mois en prévenant qu'il ne reviendrait plus ; puis il jeta son léger bagage sur ses épaules, et sortit.

Pauvre vieille montre. Son père lui avait dit : « Jean, elle est un peu ancienne, mais c'est une très bonne montre, et on n'en fait peut-être plus d'aussi bonnes aujourd'hui. Quand tu seras riche, plus tard, tu t'en achèteras une à la mode si tu veux, mais tu me rendras celle-là ; il y a quarante ans qu'elle est avec moi, je l'avais au régiment, — et quand on m'enterrera, si tu n'en veux plus, ne manque pas de la faire mettre dans ma bière ; elle me tiendra compagnie là-bas... »

Coura-n'diaye avait pris l'argent du spahi sans faire de réflexions sur ce congé brusque, avec son indifférence de vieille courtisane revenue de tout.

Quand Jean fut dehors, il appela son chien laobé qui le suivit l'oreille basse comme comprenant la situation, et fâché de partir. Puis il s'en alla sans tourner la tête, descendant les longues rues de la ville morte, dans la direction du quartier.

TROISIÈME PARTIE

1

LORSQUE Jean eut ainsi définitivement expulsé
Fatou-gaye, il éprouva un grand soulagement d'avoir
fait cette exécution. — Lorsqu'il eut convenablement
arrangé dans son armoire de soldat tout son mince
bagage, rapporté de la maison de Samba-Hamet, il se
trouva plus libre et plus heureux. Cela lui paraissait un
acheminement vers le départ, vers ce bienheureux *congé
définitif* qui n'était plus éloigné que de quelques mois.

Il avait eu pitié d'elle, cependant. — Il avait voulu
encore une fois lui envoyer l'argent de sa solde, pour lui
faciliter une installation nouvelle ou un départ.

Mais, comme il aimait mieux ne pas la revoir, il avait
chargé le spahi Muller de cette commission.

Muller s'était rendu dans la maison de Samba-Hamet,
chez la griote. — Mais Fatou était partie.

— Elle a eu beaucoup de chagrin, dirent les petites
esclaves, en yolof, — faisant cercle et parlant toutes à la
fois.

Le soir, elle n'a pas voulu manger le kousskouss que
nous lui avions préparé.

— La nuit, dit la petite Sam-Lélé, je l'ai entendue qui
parlait tout haut en rêvant, — et même les laobés ont

jappé, ce qui est très mauvais signe. — Mais je n'ai pu comprendre ce qu'elle a dit.

Il était certain qu'elle était partie, — emportant ses calebasses sur la tête, — un peu avant le soleil levé.

Une macaque nommée Bafoufalé-Diop, femme chef des esclaves de la griote, personne très curieuse par nature, — l'avait suivie de loin, et l'avait vue tourner par le pont de bois sur le petit bras du fleuve, se dirigeant sur N'-dar-toute — *ayant l'air de très bien savoir où elle allait.*

On croyait dans le quartier qu'elle avait dû aller demander asile à un certain vieux marabout très riche de N'dar-toute, qui l'admirait beaucoup. — Elle était bien assez belle, d'ailleurs, pour n'être pas en peine de sa personne, quoique *keffir*.

Quelque temps encore, Jean évita de passer dans les quartiers de Coura-n'-diaye.

Et puis bientôt il n'y pensa plus.

Il lui semblait d'ailleurs qu'il avait retrouvé sa dignité d'*homme blanc,* souillée par le contact de cette chair noire ; ces enivrements passés, cette fièvre des sens surexcités par le climat d'Afrique, ne lui inspiraient plus, quand il regardait en arrière, qu'un dégoût profond.

Et il se bâtissait toute une existence nouvelle, de continence et d'honnêteté.

A l'avenir, il vivrait au *quartier,* comme un homme sage. Il ferait des économies pour rapporter à Jeanne Méry une foule de souvenirs du Sénégal : de belles nattes qui seraient plus tard l'ornement de leur logis rêvé ; des pagnes brodés dont les riches couleurs feraient l'admiration des gens de son pays, et qui, dans leur ménage, leur serviraient de tapis de table magnifiques ; — et puis surtout des boucles d'oreilles et une croix en or fin de Galam qu'il commanderait exprès pour elle aux plus grands artistes noirs. — Elle les mettrait pour se parer, le dimanche, en allant à l'église avec les Peyral, et certes dans le village aucune autre jeune femme n'aurait des bijoux aussi beaux.

Ce pauvre grand spahi à l'air si grave formait ainsi dans sa jeune tête inculte une foule de projets presque enfantins, rêves naïfs de bonheur, de vie de famille et de paisible honnêteté.

Jean avait alors près de vingt-six ans. On lui eût donné un peu plus que son âge, comme cela arrive souvent pour les hommes qui ont mené la vie rude aux champs, à la mer ou à l'armée. — Ces cinq ans de Sénégal l'avaient beaucoup changé ; ses traits s'étaient accentués ; il était plus basané et plus maigre ; il avait pris l'air plus militaire et plus arabe ; ses épaules et sa poitrine s'étaient beaucoup élargies, bien que sa taille fût restée mince et souple ; il mettait son fez et retournait sa longue moustache brune avec une coquetterie de soldat qui lui allait à ravir. — Sa force et son extrême beauté inspiraient une sorte de respect involontaire à ceux qui l'approchaient. On lui parlait autrement qu'aux autres.

Un peintre l'eût choisi comme type accompli de charme noble et de perfection virile.

2

Un jour, sous une même enveloppe portant le timbre de son village, Jean trouva deux lettres, — l'une de sa chère vieille mère, — l'autre de Jeanne.

Lettre de Françoise Peyral à son fils.

« Mon cher fils,

» Il y a bien du nouveau depuis ma dernière lettre, et tu vas avoir bien de l'étonnement. — Mais ne te tourmente pas tout d'abord ; il faut faire comme nous, mon cher fils, prier le bon Dieu et avoir toujours bon espoir. — Je commencerai par te dire qu'il est venu dans le pays un jeune huissier nouveau, M. Prosper Suirot, qui n'est pas très aimé chez nous, vu qu'il est dur avec les pauvres gens et qu'il a l'âme sournoise ; mais c'est un homme qui a une belle position, on ne peut pas dire le contraire. — Donc, ce monsieur Suirot a demandé la main de Jeanne à ton oncle Méry, qui l'a accepté pour son gendre. — Maintenant, Méry est venu nous faire une scène ici un soir ; il avait fait prendre des renseignements sur ton compte auprès de tes colonels sans nous le dire, et on lui a donné des renseignements mauvais, à ce qu'il paraît. — On dit que tu as une femme nègre là-bas ; que tu l'as gardée tout de même contre les observations de tes chefs ; que c'est cela qui t'a empêché de passer maréchal des logis ; qu'il y a de mauvais bruits là-bas sur ton compte ; beaucoup de choses, mon cher fils, que je n'aurais jamais pu croire, mais c'était écrit sur un papier imprimé qu'il nous a montré, et sur lequel on avait marqué les cachets de ton régiment. — Maintenant, Jeanne est venue se sauver chez nous tout en pleurs, disant qu'elle n'épouserait jamais le Suirot, qu'elle ne serait jamais que ta femme à toi, mon cher Jean, et qu'elle aimerait mieux s'en aller dans un couvent. — Elle t'a écrit une lettre que je t'envoie, où elle te marque ce que tu dois faire ; elle est majeure et elle a beaucoup de tête ; fais bien tout ce qu'elle te dira et écris poste pour poste à ton oncle, comme elle te le commande. — Tu vas nous revenir dans dix mois, mon cher fils ; avec de la conduite jusqu'à la fin de ton congé et en priant beaucoup le bon Dieu, cela pourra sans doute s'arranger encore ; mais nous sommes bien tourmentés, comme tu dois le penser ; nous avons peur aussi que Méry ne défende à Jeanne de revenir chez nous, et alors ce serait bien malheureux.

» Peyral se joint à moi, mon cher fils, pour t'embrasser et te prier de nous écrire au plus vite.

» Ta vieille mère qui t'adore pour la vie.

» FRANÇOISE PEYRAL. »

Jeanne Méry à son cousin Jean.

« Mon cher Jean,

» Je m'ennuie tant, vois-tu, que je voudrais passer (1) tout de suite. — J'ai trop de malheur que tu ne sois pas rendu et que tu ne parles pas de revenir bientôt. Voilà maintenant que mes parents, d'accord avec mon parrain, veulent me marier avec ce grand Suirot dont je t'ai causé déjà ; on me casse la tête pour me dire qu'il est riche et que je dois avoir de l'honneur qu'il m'ait demandée. Je dis non, tu penses, et je me mine les yeux à pleurer.

» Mon cher Jean, je suis bien malheureuse d'avoir tout le monde contre moi, Olivette et Rose rient de me voir toujours les yeux rouges ; je crois qu'elles, elles épouseraient très volontiers le grand Suirot si seulement il voulait d'elles. Moi, rien que d'y penser, ça me fait un frisson ; non bien sûr que je ne l'épouserai jamais, et que je leur échapperai à tous pour entrer au couvent de Saint-Bruno, s'ils me poussent à bout.

» Si seulement je pouvais aller chez toi quelquefois, ça me remonterait de causer avec ta mère, pour qui j'ai bien du respect et de l'amitié comme si j'étais sa fille ; mais on me fait déjà de gros yeux parce que j'y vais trop souvent, et qui sait si bientôt on ne me le défendra pas tout à fait.

» Mon cher Jean, il faut que tu fasses tout ce que je vais te dire. J'entends qu'il y a des méchants bruits sur toi ; je me dis qu'ils les font courir à seule fin de m'influencer, mais je ne crois pas un mot de tous ces contes, ça n'est pas possible, et pas un ici ne te connaît comme moi. Tout de même je serai contente si tu me dis un petit mot là-dessus, et si tu me parles de ton amitié : tu sais ça fait toujours plaisir quand même on sait bien que c'est vrai. Et puis écris tout de suite à mon père

(1) Passer, mourir (cévenol).

pour me demander en mariage, surtout fais-lui bien la promesse que tu te conduiras toujours au pays comme un homme sage et rangé sur qui on n'aura jamais rien à dire, quand tu seras mon mari ; — après ça je le supplierai à genoux. — Le bon Dieu ait pitié de nous, mon bon Jean !

» Ta fiancée pour la vie,

» JEANNE MÉRY. »

Au village, on n'apprend guère à exprimer les sentiments du cœur ; les jeunes filles élevées aux champs sentent très vivement quelquefois, — mais les mots leur manquent pour rendre leurs émotions et leurs pensées, le vocabulaire raffiné de la passion est fermé pour elles ; ce qu'elles éprouvent, elles ne savent le traduire qu'à l'aide de phrases naïves et tranquilles ; là est toute la différence.

Il fallait que Jeanne eût senti bien vivement pour avoir écrit cette lettre, — et Jean, qui parlait lui aussi ce langage simple, comprit tout ce qu'il y avait là-dessous de résolution et d'amour. — En présence de cette fidélité ardente de sa fiancée, il eut confiance et espoir ; il mit dans sa réponse tout ce qu'il y sut mettre de tendresse et de reconnaissance, il adressa à son oncle Méry une demande en forme, accompagnée de serments bien sincères de sagesse et de bonne conduite ; — et puis il attendit sans trop d'inquiétude le retour du courrier de France...

M. Prosper Suirot était un jeune huissier étroit et voûté, doublé d'un libre-penseur farouche, bavant des inepties athées sur toutes les choses saintes d'autrefois, — gratteur de papier à la vue basse, dont les petits yeux rougis s'abritaient sous des lunettes fumées. — Ce rival eût fait pitié à Jean, qui éprouvait une répulsion instinctive pour les êtres laids et mal bâtis.

Séduit par la dot et la figure de Jeanne, le petit

huissier croyait, dans sa bêtise bouffie, faire beaucoup d'honneur à la jeune paysanne en lui offrant sa laide personne et son infime position sociale ; il avait même décidé qu'après le mariage, pour se mettre à sa hauteur, Jeanne, devenue *dame,* se coifferait d'un chapeau.

3

SIX mois avaient passé. Et les courriers de France n'avaient apporté au pauvre Jean — rien de bien mauvais, à la vérité, — mais rien de bien bon non plus.

L'oncle Méry restait inflexible ; — mais Jeanne l'était aussi, et, dans les lettres de la vieille Françoise, elle glissait toujours, pour son fiancé, quelques mots de fidélité et d'amour .

Jean, lui, était plein d'espoir, et ne doutait plus que, à son arrivée au pays, tout ne pût facilement s'arranger.

Il se perdait plus que jamais en projets délicieux... Après ces cinq années d'exil, ce retour au village lui apparaissait sous des couleurs d'apothéose. Tous ces rêves de pauvre abandonné le ramenaient à cet instant radieux : monter, avec ses grands burnous de spahi, dans la diligence de son village, — voir reparaître les Cévennes, les silhouettes familières de ses montagnes, — la route connue, — puis le clocher aimé, — puis le toit paternel au bord du chemin, — et serrer dans ses bras, avec une joie folle, ses vieux parents chéris...

Alors, ensemble, tous trois, ils s'en allaient chez les Méry... Dans le village, les bonnes gens, les jeunes filles, sortaient sur leurs portes pour le voir passer ; on le trouvait beau, avec son costume étranger et ses grandes allures d'Afrique... Il montrait à son oncle Méry ses galons de maréchal des logis, qu'on venait enfin de lui donner et dont l'effet serait irrésistible... Il était bon, après tout, son oncle Méry ; autrefois, il avait beaucoup grondé Jean, c'est vrai, mais il l'avait aimé aussi ; Jean

s'en souvenait très bien maintenant, il en était très sûr...
(De loin, dans l'exil, on revoit toujours sous des
couleurs plus douces ceux qui sont restés au foyer ; on se
les rappelle affectueux et bons ; on oublie les défauts, les
duretés et les rancunes.) Donc, il était impossible que
l'oncle Méry ne se laissât pas fléchir, quand il verrait là
ses deux enfants le suppliant ensemble ; il s'attendrirait
bien certainement... et mettrait la main de Jeanne toute
tremblante dans celle de Jean !... Et alors, que de
bonheur, quelle vie belle et douce, quel paradis sur la
terre !...

Par exemple, Jean ne se voyait pas très bien, vêtu
comme les hommes de son village, ni, surtout, coiffé du
modeste chapeau campagnard. Ce changement était un
sujet sur lequel il n'aimait pas arrêter sa pensée ; il lui
semblait qu'il ne serait plus lui-même, le fier spahi, sous
cet accoutrement d'autrefois. C'était sous le costume
rouge qu'il avait appris la vie, c'était sur le sol d'Afrique
qu'il s'était fait homme, et, plus qu'il ne le croyait ; il
aimait tout cela : il aimait son fez arabe, son sabre, son
cheval, — son grand pays maudit, son désert.

Il ne savait pas, Jean, quelles déceptions attendent
quelquefois les jeunes hommes, — marins, soldats,
spahis, — quand ils rentrent à ce village tant rêvé, qu'ils
ont quitté encore enfants, et que, de loin, ils voyaient à
travers des prismes enchantés.
Hélas ! quelle tristesse souvent, et quel ennui monotone attendent *au pays* le retour de ces exilés !
De pauvres spahis, comme lui, acclimatés, énervés
dans ce pays d'Afrique, ont pleuré quelquefois les rives
désolées du Sénégal. Les longues courses à cheval, et la
vie plus libre, et la grande lumière, et les horizons
démesurés, tout cela manque, quand on s'y est habitué
et qu'on ne l'a plus ; dans la tranquillité du foyer, on
éprouve quelque chose comme le besoin du soleil
dévorant et de l'éternelle chaleur, le regret du désert, la
nostalgie du sable.

4

CEPENDANT Boubakar-Ségou, le grand roi noir, faisait des siennes dans le Diambour et le pays de Djiagabar. Le vent était à une expédition de guerre : on en parlait à Saint-Louis dans les cercles d'officiers ; cela était commenté, discuté de mille façons parmi les soldats, spahis, tirailleurs, ou troupiers d'infanterie de marine. C'était le bruit du jour, et chacun espérait y gagner sa part, de l'avancement, une médaille ou un grade.

Jean, lui, qui allait finir son service, se promettait de racheter là tout ce qu'on avait pu lui reprocher sur sa conduite passée ; il rêvait d'attacher à sa boutonnière le petit ruban jaune des braves, la médaille militaire ; il voulait faire ses adieux éternels au pays noir par quelque belle action de valeur, qui laisserait son nom ineffaçable au quartier des spahis, dans ce coin de la terre où il avait tant vécu et tant souffert.

Entre les casernes, le commandement de la marine et le gouvernement, un rapide échange de correspondance avait lieu chaque jour. Il arrivait chez les spahis de grands plis cachetés qui faisaient rêver les hommes en veste rouge ; on prévoyait une expédition longue et sérieuse et le moment approchait. Les spahis aiguisaient leur grand sabre de combat, et astiquaient leur fourniment, avec force paroles et bravoure, verres d'absinthe et joyeux propos.

ON était aux premiers jours d'octobre. Jean, qui circulait par ordre depuis le matin pour remettre de droite et de gauche des papiers de service, allait en dernier lieu au palais du Gouvernement, porter une grande enveloppe officielle.

Dans la longue rue droite, aussi vide et aussi morte qu'une rue de Thèbes ou de Memphis, il vit venir à lui, dans le soleil, un autre homme rouge qui lui montrait une lettre. Il eut une appréhension triste, une crainte vague, et il pressa le pas.

C'était le sergent Muller, qui apportait aux spahis le courrier de France, arrivé depuis une heure de Dakar, par caravane.

— Tiens, pour toi, Peyral! dit-il en lui tendant l'enveloppe au timbre de son pauvre cher village.

CETTE lettre que Jean attendait depuis un mois lui brûlait les mains, et il hésitait à la lire. Il résolut d'attendre d'avoir fini sa mission pour la décacheter.

Il arriva à la grille du Gouvernement, dont la porte était ouverte, et il entra.

Dans le jardin, même animation que dans la rue. Une grande lionne privée s'étirait au soleil, avec des mines de chatte amoureuse. Des autruches dormaient par terre, auprès de quelques rigides aloès bleuâtres. Midi, — personne, — un silence de nécropole, et de grandes terrasses blanches sur lesquelles les palmiers jaunes dessinaient des ombres immobiles.

Jean, cherchant à qui parler, arriva jusqu'à un bureau où il trouva le gouverneur entouré des différents chefs du service colonial.

Là, par extraordinaire, on travaillait avec animation ; on semblait discuter des choses graves, à cette heure traditionnelle du repos de la sieste.

En échange du pli qu'apportait Jean, on lui en remit un autre, à l'adresse du commandant des spahis.

C'était l'ordre définitif de mise en marche qui, dans l'après-midi, fut communiqué officiellement à toutes les troupes de Saint-Louis.

7

QUAND Jean se retrouva dans la rue solitaire, il n'y put tenir, et, en frémissant, il ouvrit sa lettre.

Il y trouva cette fois l'écriture seule de sa vieille mère, écriture plus tremblée que jamais, — avec des taches de larmes.

Il dévora les lignes, — il eut un éblouissement, le pauvre spahi, — et porta ses mains à sa tête, en s'appuyant au mur.

C'était très pressé, avait dit le gouverneur, ce pli qu'il portait ; il embrassa pieusement le nom de la vieille Françoise, et s'en alla comme un homme ivre.

Etait-ce bien possible, cela ? C'était fini, fini à jamais ! On lui avait pris sa fiancée, au pauvre exilé, — sa fiancée d'enfance, que ses vieux parents lui avaient choisie !

« Les bans sont publiés, la noce sera faite avant un mois. Je m'en doutais bien, mon cher fils, dès le mois dernier ; Jeanne ne revenait plus nous voir. Mais je n'osais pas te le dire encore, pour ne pas te tourmenter, puisque nous ne pouvions rien y faire.

» Nous sommes dans un grand désespoir. Maintenant, mon fils, il est venu hier à Peyral une idée qui nous fait peur : c'est que tu ne voudras plus revenir au pays, et que tu resteras en Afrique.

» Nous sommes bien vieux tous les deux ; mon bon Jean, mon cher fils, ta pauvre mère t'en supplie à genoux, que cela ne t'empêche pas d'être sage, et de nous revenir bientôt comme nous t'attendions. Autrement, j'aimerais mieux mourir tout de suite, et Peyral aussi. »

Des pensées incohérentes, tumultueuses, se pressaient dans la tête de Jean.

Il fit un rapide calcul de dates. Non, ce n'était pas fini encore, ce n'était pas un fait accompli. Le télégraphe ! Mais non, à quoi donc pensait-il ! il n'y avait point de télégraphe entre la France et le Sénégal. Et, quand même, qu'aurait-il pu leur dire de plus ? S'il avait pu partir en laissant tout derrière, partir sur quelque navire à grande vitesse, et arriver encore à temps ; en se jetant à leurs pieds, avec supplications, avec larmes, il aurait peut-être encore pu les attendrir. Mais, si loin... quelles impossibilités, quelle impuissance ! Tout serait consommé avant qu'il ait seulement pu leur envoyer un cri de douleur.

Et il lui semblait qu'on serrait sa tête dans des mains de fer, qu'on pressait sa poitrine dans des étaux terribles.

Il s'arrêta encore pour relire, et puis, se souvenant qu'il portait un ordre pressé du gouverneur, il replia sa lettre et se remit à marcher.

Autour de lui, tout était au grand calme du milieu du jour. — Les vieilles maisons à la mauresque s'alignaient correctement, avec leur blancheur laiteuse, sous le ciel bleu intense du ciel. — Parfois, en passant, on entendait derrière leurs murs de brique quelque plaintive et somnolente chanson de négresse ; — ou bien, sur le pas des portes, on rencontrait quelque négrillon bien noir, qui dormait le ventre au soleil, tout nu, avec un collier de corail, — et marquait une tache foncée au milieu de toute cette uniformité de lumière. — Sur le sable uni des rues, les lézards se poursuivaient avec de petits balancements de tête comiques, — et traçaient, en traînant leur queue, une infinité de zigzags fantasques, compliqués comme des dessins arabes. — Un bruit lointain de pilons à kousskouss, monotone et régulier comme une sorte de silence, arrivait de Guet-n'dar, amorti par les couches chaudes et lourdes de l'atmosphère de midi...

Cette tranquillité de la nature accablée semblait vouloir narguer l'exaltation du pauvre Jean, et exaspérer sa douleur ; elle l'oppressait comme un mal physique, elle l'étouffait comme un suaire de plomb.

Ce pays lui faisait tout à coup l'effet d'un vaste tombeau.

Il s'éveillait, le spahi, comme d'un pesant sommeil de cinq années. — Une immense révolte se faisait en lui, révolte contre tout et contre tous !... Pourquoi l'avait-on pris à son village, à sa mère, pour l'ensevelir au plus beau temps de sa vie sur cette terre de mort ?... De quel droit avait-on fait de lui cet être à part qu'on appelle spahi, traîneur de sabre à moitié Africain, malheureux déclassé, — oublié de tous, — et finalement renié par sa fiancée !...

Il se sentait une rage folle au cœur, et ne pouvait pleurer ; il éprouvait le besoin de s'en prendre à quelqu'un ou à quelque chose, — le besoin de torturer, d'étreindre, d'écraser quelqu'un de ses semblables dans ses bras puissants...

Et rien, rien autour de lui, — que le silence, la chaleur et le sable.

Hélas ! pas un ami non plus dans tout ce pays, — pas même un camarade de cœur à qui conter sa peine... Il était donc bien abandonné, mon Dieu !... et bien seul au monde !...

8

J EAN courut au quartier et jeta au premier venu le pli qui lui était confié ; — puis il s'en alla, et commença au hasard une course rapide et sans but ; — c'était sa manière à lui d'étouffer sa douleur.

Il passa le pont de Guet-n'dar et tourna au sud vers la pointe de Barbarie, comme la nuit où, quatre ans auparavant, il avait quitté en désespéré la maison de Cora...

Mais, cette fois, son désespoir était un désespoir d'homme, profond et suprême, — et sa vie était brisée...

Il marcha longtemps vers le sud, perdant de vue Saint-Louis et les villages noirs, — et s'assit exténué, au pied d'un monticule de sable qui dominait la mer...

Ses idées étaient sans suite. — Tout ce soleil du jour l'avait affolé...

Il s'aperçut qu'il n'était encore jamais venu là — et se mit à promener autour de lui des regards distraits...

Ce monticule était tout hérissé de grands pieux bizarres, qui portaient des inscriptions dans la langue des prêtres du Maghreb. — Des ossements blanchis gisaient pêle-mêle, déterrés jadis par les chacals. — Il y avait aussi quelques branches de verdure, comme perdues au milieu de l'aridité absolue ; — c'étaient des guirlandes de liserons d'une grande fraîcheur, qui couraient au milieu des vieux crânes, des vieux bras, des vieilles jambes, ouvrant çà et là leurs larges calices roses...

De loin en loin, d'autres monticules funéraires s'élevaient dans la plaine unie, avec des aspects lugubres.

Sur les plages se promenaient de grandes troupes de

pélicans d'un blanc rosé, auxquels le mirage crépusculaire prêtait dans le lointain des formes régulières, des dimensions invraisemblables...

Le soir était arrivé, le soleil était descendu dans l'océan, et un vent plus frais soufflait du large...

Jean prit la lettre de sa mère, et recommença à la lire...

« ... Maintenant, mon fils, il est venu hier à Peyral une idée qui nous fait peur : c'est que tu ne voudras plus revenir au pays, et que tu resteras en Afrique.

» Nous sommes bien vieux tous les deux ; — mon bon Jean, mon cher fils, ta pauvre mère t'en supplie à genoux, que cela ne t'empêche pas d'être sage et de nous revenir bientôt comme nous t'attendions... Autrement, j'aimerais mieux mourir tout de suite, et Peyral aussi... »

Alors, le pauvre Jean sentit son cœur se briser, — des sanglots soulevèrent sa poitrine, et toute sa révolte se fondit dans les larmes...

9

DEUX jours après, tous les bâtiments de la marine, requis pour l'expédition, étaient groupés dans le nord de Saint-Louis, au coude du fleuve, près de Pop-n'kior.

L'embarquement des troupes s'opérait au milieu d'un grand concours de monde et d'un grand vacarme. — Toutes les smalahs des tirailleurs noirs, femmes et enfants, encombraient les berges, — hurlant au soleil comme des forcenés. — Des caravanes de Maures, qui arrivaient du fond du Soudan, faisaient cercle pour voir, avec leurs chameaux, leurs sacs de cuir, leurs monceaux de bagages hétéroclites, — et leurs belles jeunes femmes.

Vers trois heures, toute la flottille, qui devait remonter le fleuve jusqu'à Dialdé en Galam, s'ébranla avec son chargement d'hommes, — et se mit en route par une chaleur atroce.

10

SAINT-LOUIS s'éloignait... Ses alignements réguliers s'abaissaient, s'effaçaient en bandes bleuâtres dans les sables dorés...

De chaque côté du fleuve s'étendaient à perte de vue de grandes plaines insalubres, désertes, éternellement chaudes, éternellement mornes...

Et cela encore n'était que l'entrée de ce grand pays oublié de Dieu, — le vestibule des grandes solitudes africaines...

Jean et les spahis avaient été embarqués sur la *Falémé*, qui marchait en tête, et devait bientôt prendre une avance de deux jours.

Au moment de partir, il avait répondu à la hâte à la pauvre vieille Françoise. — Après réflexion, il avait dédaigné d'écrire à sa fiancée ; mais, dans cette lettre à sa mère, il avait mis toute son âme, pour la consoler, lui rendre la tranquillité et l'espoir.

« ... D'ailleurs, avait-il écrit, *elle* était trop riche pour nous... Nous trouverons bien au pays une autre jeune fille qui voudra de moi ; nous nous arrangerons d'habiter dans notre vieille maison, et comme cela, nous serons encore plus près de vous... Mes chers parents, je n'ai plus d'autre pensée tous les jours que le bonheur de vous revoir ; encore trois mois et je serai de retour, et je vous jure que jamais, jamais je ne vous quitterai plus... »

C'était bien son intention en effet, et il y pensait bien chaque jour, à ses vieux parents bien-aimés... Mais partager toute son existence avec une autre que Jeanne Méry, cela décolorait tout ; — c'était une affreuse pensée, qui jetait sur le retour un épais voile de deuil... Il avait beau faire pour reprendre courage, — il lui semblait maintenant qu'il n'avait plus guère de but dans la vie, et que, devant lui, l'avenir était à jamais fermé...

A côté de lui, sur le pont de la *Falémé,* était assis le géant Nyaor-fall, le spahi noir auquel il avait confié sa peine comme à son plus fidèle ami.

Nyaor ne s'expliquait guère ces sentiments, lui qu'on n'avait jamais aimé, — lui qui possédait sous son toit de chaume trois femmes achetées, et qui comptait les revendre quand elles auraient cessé de lui plaire.

Cependant il comprenait que son ami Jean était malheureux. — Il lui souriait avec douceur et lui faisait, pour le distraire, des contes nègres à dormir debout...

11

La flottille remontait le fleuve avec toute la vitesse possible, s'amarrant au coucher du soleil et se remettant en route au petit jour.

A Richard-Toll, le premier poste français, on avait encore embarqué des hommes, des négresses et du matériel.

A Dagana, on s'arrêta pour deux jours, et la *Falémé* reçut l'ordre de continuer seule sa route sur Podor, le dernier poste avant le pays de Galam où quelques compagnies de tirailleurs étaient déjà rassemblées.

12

LA *Falémé* cheminait toujours dans le désert immense, elle s'enfonçait rapidement dans l'intérieur, — en suivant l'étroit fleuve aux eaux jaunes qui sépare le Sahara maure du grand continent mystérieux habité par les hommes noirs.

Et Jean regardait mélancoliquement les solitudes qui passaient après les solitudes. — Il suivait des yeux l'horizon qui s'enfuyait, — le ruban sinueux du Sénégal qui derrière lui se perdait dans des lointains infinis. — Ces plaines maudites, se déroulant sans fin sous sa vue, lui causaient une impression pénible, un indéfinissable serrement de cœur — comme si, à mesure, tout ce pays se refermait sur lui et qu'il ne dût plus revenir.

Sur les rives mornes, par-ci par-là, marchaient gravement de grands vautours noirs ou quelques marabouts chauves rappelant des silhouettes humaines. — Quelquefois un singe curieux écartait des broussailles de palétuviers pour regarder filer le navire ; — ou bien encore, d'une bouillée de roseaux, sortait une fine aigrette blanche, — un martin-pêcheur nuancé d'émeraude et de lapis, — dont le vol éveillait un caïman paresseux endormi sur la vase.

Sur la rive sud, — la rive des fils de Cham, — de loin en loin passait un village, perdu dans cette grande désolation.

La présence de ces habitations d'hommes était toujours annoncée de fort loin par deux ou trois gigantesques palmiers à éventail, — sortes de grands arbres-fétiches, qui gardaient les villes.

Au milieu de l'immense platitude nue, ces palmiers avaient l'air de colosses postés au guet dans le désert. — Leurs troncs d'un gris rose, bien droits, bien polis, étaient renflés comme des colonnes byzantines, et portaient, tout en haut, de maigres bouquets de feuilles aussi raides que des palettes de fer.

Et bientôt, en s'approchant davantage, on distinguait une fourmilière nègre, des huttes pointues groupées en masses compactes à leur pied ; — tout un ensemble gris sur des sables toujours jaunes.

Elles étaient très grandes quelquefois ces cités africaines ; toutes étaient entourées tristement de *tatas* épaisses, de murs de terre et de bois qui les défendaient contre les ennemis ou les bêtes fauves ; — et un lambeau d'étoffe blanche, flottant sur un toit plus élevé que les autres, indiquait la demeure de leur roi.

Aux portes de leurs remparts apparaissaient de sombres figures ; de vieux chefs, de vieux prêtres couverts d'amulettes, avec de grands bras noirs qui tranchaient sur la blancheur de leurs longues robes. — Ils regardaient passer la *Falémé,* dont les fusils et l'artillerie étaient prêts, au moindre mouvement hostile, à faire feu sur eux.

On se demandait de quoi vivaient ces hommes au milieu de l'aridité de ce pays, — quelles pouvaient bien être leur existence et leurs occupations derrière ces murailles grises, — à ces êtres qui ne connaissaient rien au-dehors, rien que les solitudes et l'implacable soleil.

Sur la rive nord, — celle du Sahara, — plus de sable encore et une autre physionomie de la désolation.

Au loin, tout au loin, de grands feux d'herbages allumés par les Maures ; des colonnes de fumée s'élevant toutes droites, à d'étonnantes hauteurs, dans l'air immobile. — A l'horizon, des chaînes de collines absolument rouges comme des charbons enflammés, simulant, avec toutes ces fumées, des brasiers sans bornes.

Et là où il n'y avait que sécheresse et sables brûlants, un mirage continuel faisait apparaître de grands lacs, où tout cet incendie se reflétait la tête en bas.

De petites vapeurs tremblotantes, comme celles qui s'élèvent des fournaises, jetaient sur tout cela leurs réseaux mobiles ; ces paysages trompeurs miroitaient et tremblaient sous la chaleur intense ; — puis on les voyait se déformer et changer comme des visions ; — l'œil en était ébloui et lassé.

De temps à autre apparaissaient sur cette rive des groupes d'hommes de pure race blanche, — fauves et bronzés, il est vrai, — mais régulièrement beaux, avec de grands cheveux bouclés qui leur donnaient des airs de prophètes bibliques. — Ils allaient tête nue sous ce soleil, vêtus de longues robes d'un bleu sombre. — Maures de la tribu des Braknas ou des Tzarazas, — bandits tous, pillards, détrousseurs de caravanes, — la pire de toutes les races africaines.

13

LA brise d'est, qui est comme la respiration puissante du Sahara, s'était levée peu à peu et augmentait d'intensité à mesure qu'on s'éloignait de la mer.

Un vent desséchant, chaud comme un souffle de forge, passait maintenant sur le désert. — Il semait partout une fine poussière de sable et apportait avec lui la soif ardente du *Bled-el-Ateuch.*

On jetait continuellement de l'eau sur les tentes qui abritaient les spahis ; — un nègre traçait avec un jet de pompe des arabesques rapides qui disparaissaient à mesure, — vaporisées presque subitement dans l'atmosphère altérée.

Cependant on approchait de Podor, l'une des plus grandes villes du fleuve, — et la rive du Sahara s'animait.

C'était l'entrée du pays des Douaïch, pasteurs enrichis par leurs razzias de bétail faites en pays nègre. Ces Maures passaient le Sénégal à la nage en longues caravanes, chassant devant eux dans le courant, à la nage aussi, des bestiaux volés.

Des campements commençaient à paraître dans la plaine sans fin. — Les tentes en poil de chameau, raidies sur des pieux de bois, ressemblaient à de grandes ailes de chauves-souris tendues sur le sable ; — elles formaient des dessins bizarres d'une grande intensité de noir, — au milieu d'un pays jaune, toujours aussi uniformément jaune.

Un peu plus d'animation partout, — un peu plus de mouvement et de vie.

Sur les berges, des groupes plus nombreux accourant pour regarder. — Des femmes mauresques, des belles cuivrées à peine vêtues, ayant au front des ferronnières de corail, trottant à califourchon sur des petites vaches bossues ; — et souvent, derrière elles, des enfants gambadant à cheval sur de tout petits veaux rétifs, — des enfants nus, la tête rasée avec de grandes houppes en crinière, — et le corps fauve et musclé comme de jeunes satyres.

14

Podor, — un poste français important sur la rive sud du Sénégal, — et l'un des points les plus chauds de la terre.

Une grande forteresse, fendillée par le soleil.

Une rue presque ombragée, le long du fleuve, avec quelques maisons déjà anciennes, d'un aspect sombre. — Des *traitants* français, jaunis par la fièvre et l'anémie ; des marchands, maures ou noirs, accroupis sur le sable ; tous les costumes, toutes les amulettes d'Afrique ; — des sacs d'arachides, des ballots de plumes d'autruches, — de l'ivoire et de la poudre d'or.

Derrière cette rue à moitié européenne, une grande ville nègre en chaume, partagée comme un gâteau d'abeilles par des rues larges et droites ; cha-

161

que quartier bordé d'épaisses *tatas* de bois, fortifié comme une citadelle.

Jean s'y promena le soir, en compagnie de son ami Nyaor. — Les chants tristes qui partaient de derrière ces murs, ces voix étranges, ces aspects inusités, — ce vent chaud qui soufflait toujours malgré la nuit, — lui causaient une sorte de terreur vague, d'angoisse inexpliquée, faite de nostalgie, de solitude et aussi de désespérance.

Jamais, même dans les postes lointains du Diakhallénée, il ne s'était senti si isolé ni si perdu.

Tout autour de Podor, des champs de mil ; quelques arbres rabougris, quelques broussailles et un peu d'herbe.

En face, sur la rive maure, on était en plein désert. — Et pourtant, à l'entrée d'une route à peine commencée, qui bientôt se perdait au nord dans les sables, un écriteau portait cette inscription prophétique : *Route d'Alger.*

15

IL était cinq heures du matin ; le soleil terne et rouge allait se lever sur le pays des Douïch ; — Jean rejoignait la *Falémé,* qui se disposait à repartir.

Les négresses passagères étaient déjà étendues sur le pont, roulées dans leurs pagnes bigarrés ; — si serrées les unes contre les autres, qu'on ne voyait plus par terre qu'une masse confuse d'étoffes dorées par la lumière matinale, — au-dessus desquelles s'agitaient quelques bras noirs, chargés de pesants bracelets.

Jean, qui passait au milieu d'elles, se sentit retenu tout à coup par deux bras souples, qui lui enlaçaient la jambe comme deux serpents.

La femme se cachait la tête et lui embrassait les pieds.

— Tjean ! Tjean !... disait une petite voix bizarre, de

lui bien connue, — Tjean !... je t'ai suivi de peur que tu ne *gagnes le paradis* (que tu ne meures) à la guerre ! — Tjean !... ne veux-tu pas regarder ton fils ?

Et les deux bras noirs soulevaient un enfant bronzé, qu'ils tendaient au spahi.

— Mon fils ?... mon fils ?... répéta Jean, avec sa brusquerie de soldat, — mais d'une voix qui tremblait pourtant, — mon fils ?... qu'est-ce que tu me chantes-là... Fatou-gaye ?

— C'est pourtant vrai, dit-il, avec une émotion étrange, en se baissant pour le voir, — c'est pourtant vrai... il est presque blanc !...

L'enfant n'avait pas voulu du sang de sa mère, il était tout entier de celui de Jean ; — il était bronzé, mais blanc comme le spahi ; il avait ses grands yeux profonds, il était beau comme lui. — Il tendait les mains, et regardait, en fronçant ses petits sourcils, avec une expression déjà grave, — comme cherchant à comprendre ce qu'il était venu faire dans la vie, et comment son sang des Cévennes se trouvait mêlé à cette impure race noire.

Jean se sentait vaincu par je ne sais quelle force intérieure, pleine de trouble et de mystère ; il se pencha vers son fils et l'embrassa doucement, avec une tendresse silencieuse. — Des sentiments jusqu'alors inconnus le pénétraient jusqu'au fond de son âme.

La voix de Fatou-gaye aussi avait réveillé dans son cœur une foule d'échos endormis ; la fièvre des sens, l'habitude de la possession, avaient noué entre eux ces liens puissants d'une grande persistance, que la séparation peut à peine détruire.

Et puis elle lui était fidèle au moins, celle-là, à sa manière ; — et lui d'ailleurs, — il était si abandonné !...

Il la laissa lui passer autour du cou une amulette d'Afrique, — et partagea avec elle sa ration du jour.

16

LE navire continuait sa route. Le fleuve courait plus au sud, et le pays changeait.

Des arbustes maintenant sur les deux rives, de frêles gommiers, des mimosas, des tamaris aux feuilles légères, — de l'herbe et des pelouses vertes. — Plus rien de la flore tropicale ; on eût dit la végétation délicate des climats du nord. — A part cet excès de chaleur et de silence, rien ne rappelait plus qu'on était au cœur de l'Afrique ; — on se fût cru sur quelque paisible rivière d'Europe.

Pourtant quelques idylles nègres venaient à passer. Sous ces bosquets où toutes les bergeries de Watteau eussent trouvé place, on rencontrait quelquefois un amoureux couple africain, couvert de grigris et de verroteries, faisant paître de maigres zébus ou des troupeaux de chèvres. Et plus loin, — d'autres troupeaux, — que personne ne gardait, ceux-là, — des caïmans gris, dormant au soleil par centaines, le ventre à demi plongé dans l'eau chaude.

Et Fatou-gaye souriait. — Ses yeux s'illuminaient d'une joie singulière. — Elle reconnaissait l'approche de son pays de Galam !

Une chose l'inquiétait pourtant ; quand elle rencontrait de grands marais herbeux, de grands étangs tristes bordés de palétuviers, — elle fermait les yeux, — de peur de voir sortir des eaux stagnantes quelque mufle noir de *ngabou* (d'hippopotame), — dont l'apparition eût été, pour elle et les siens, un signe de mort.

On ne saurait dire tout ce qu'elle avait déployé de ruse, de persistance, d'insinuation, pour être admise à prendre passage sur ce navire où elle avait su qu'on avait embarqué Jean.

Où s'était-elle réfugiée en quittant la maison de la

griote ? Dans quel gîte était-elle allée se cacher, pour mettre au monde l'enfant du spahi ?

A présent, elle était heureuse : elle retournai. er Galam, et elle y retournait avec lui, — c'était son rêve accompli.

17

DIALDE était situé au confluent du Sénégal et d'une rivière sans nom qui arrivait du sud.

Il y avait là un village noir de peu d'importance, gardé par un petit blockhaus de construction française, qui rappelait les forts détachés de l'Algérie intérieure.

C'était le point le plus rapproché du pays de Bouba-kar-Ségou ; c'était là que les forces françaises devaient se réunir et camper avec l'armée alliée des Bambaras, au milieu de peuplades encore amies.

Aux environs du village, le pays plat avait cette monotonie et cette aridité qui caractérisent les bords du Sénégal inférieur.

Pourtant on y rencontrait aussi quelques bouquets d'arbres, quelques forêts même, qui rappelaient déjà qu'on venait d'entrer dans le pays de Galam, dans les régions boisées du centre.

18

UNE première reconnaissance, — à l'est du campement de Dialdé, dans la direction de Djidiam (Jean, le sergent Muller et le grand Nyaor).

Au dire des vieilles femmes peureuses de la tribu alliée, on avait vu sur le sable les empreintes toutes fraîches d'une troupe nombreuse d'hommes et de cavaliers, qui ne pouvait être autre que l'armée du grand roi noir.

Depuis deux heures, les trois spahis promenaient en tous sens leurs chevaux dans la plaine, sans rencontrer aucune empreinte humaine par terre, aucune trace du passage d'une armée.

Le sol, en revanche, était criblé d'empreintes de toutes les bêtes d'Afrique, — depuis le gros trou rond que creuse l'hippopotame de son pied pesant, jusqu'au petit triangle délicat que la gazelle, dans sa course légère, trace du bout de son sabot. — Le sable, durci par les dernières pluies de l'hivernage, gardait avec fidélité parfaite tous les dessins que lui confiaient les habitants du désert. On y reconnaissait des mains de singes, — de grands pas dégingandés de girafes, — des traînées de lézards et de serpents, — des griffes de tigres et de lions ; on aurait pu suivre les allées et venues cauteleuses des chacals, — les bonds prodigieux des biches poursuivies ; — on devinait toute l'animation terrible amenée par l'obscurité dans ces déserts, qui demeurent silencieux tant que le soleil y promène son grand œil flamboyant ; on reconstituait tous les sabbats nocturnes de la vie sauvage.

Les trois spahis faisaient lever devant leurs chevaux tout le gibier caché dans les halliers ; — on eût fait dans ce pays des chasses miraculeuses. Les perdrix rouges s'envolaient au bout de leurs fusils, — et les poules-pharaons, — et les geais bleus et les geais roses, — et les merles métalliques, et les grandes outardes. Eux les laissaient tous partir, cherchant toujours des traces d'hommes, et n'en trouvant aucune.

Le soir approchait, et des vapeurs épaisses s'entassaient à l'horizon. Le ciel avait ces aspects lourds et immobiles que l'imagination prête aux couchers du soleil antédiluvien, — aux époques où l'atmosphère, plus chaude et plus chargée de substances vitales, couvait sur la terre primitive ces germes monstrueux de mammouths et de plésiosaures...

Le soleil s'abaissa doucement dans ces voiles étranges ; il devint terne, — livide, — sans rayons ; il se déforma, — s'agrandit démesurément, — puis s'éteignit.

Nyaor, qui jusque-là avait suivi Muller et Jean avec son insouciance habituelle, déclara que la reconnaissance devenait imprudente, et que les deux toubabs ses amis seraient inutilement téméraires s'ils la prolongeaient davantage.

Le fait est que toutes les surprises étaient possibles, qu'autour d'eux tout était à redouter. De plus, les empreintes de lions étaient partout fraîches et nombreuses ; — les chevaux commençaient à s'arrêter, flairant ces cinq griffes si nettes sur le sable uni, et tremblants de frayeur...

Jean et le sergent Muller, ayant tenu conseil, se décidèrent à tourner bride, et bientôt les trois chevaux volaient comme le vent dans la direction du blockhaus, laissant flotter derrière eux les burnous blancs de leurs cavaliers. Dans le lointain, on commençait à entendre cette formidable voix caverneuse que les Maures comparent au tonnerre : la voix du lion en chasse.

Ils étaient braves, ces trois hommes qui galopaient là, — et pourtant ils subissaient cette sorte de vertige que donne la vitesse, — cette peur contagieuse qui faisait bondir leurs bêtes affolées. — Les joncs qui se couchaient sous leur passage, les branches qui fouettaient leurs jambes, — leur semblaient des légions de lions du désert lancés à leur trousse...

Ils aperçurent bientôt la rivière qui les séparait des tentes françaises, du monde habité, et le petit blockhaus arabe du village de Dialdé, éclairé encore de dernières lueurs rouges.

Ils firent passer leurs chevaux à la nage et rentrèrent au camp...

19

C'ETAIT l'heure de la grande mélancolie du soir. Le coucher du soleil amenait dans ce village perdu une animation originale. Les bergers noirs faisaient rentrer leurs troupeaux ; les hommes de la tribu, s'apprêtant au combat, aiguisaient leurs couteaux de guerre, fourbissaient leurs fusils préhistoriques ; les femmes préparaient des provisions de kousskouss pour l'armée ; elles trayaient leurs brebis et leurs maigres femelles de zébus. On entendait un murmure confus de voix nègres, auquel les chèvres mêlaient leurs notes tremblantes, et les chiens laobés leurs aboiements plaintifs...

Fatou-gaye était là, assise à la porte du blockhaus avec son enfant, dans l'attitude humble et suppliante que, depuis son retour, elle avait conservée.

Et Jean, le cœur serré de solitude, vint s'asseoir auprès d'elle et prit son enfant sur ses genoux, — attendri devant sa famille noire, heureuse encore, et ému de trouver à Dialdé en Galam quelqu'un qui l'aimât.

A côté d'eux, des griots répétaient des chants de guerre ; ils chantaient doucement, avec des voix de fausset tristes et s'accompagnaient sur de petites guitares primitives, à deux cordes tendues sur des peaux de serpent, qui faisaient un maigre bruit de sauterelles ; — ils chantaient de ces airs d'Afrique qui s'harmonisent bien avec la désolation de ce pays, — qui ont leur charme, — avec leur rythme insaisissable et leur monotonie...

C'était un délicieux bébé que le fils de Jean, mais il était très sérieux, et rarement on le voyait sourire. Il était habillé d'un *boubou* bleu et d'un collier, comme un enfant yolof ; mais sa tête n'était pas rasée avec de petites queues, ainsi que c'est l'usage pour les enfants du pays ; comme il était un petit *blanc*, sa mère avait laissé pousser ses cheveux frisés, dont une boucle retombait sur son front comme chez le spahi...

Jean resta là longtemps, assis à la porte du blockhaus, à jouer avec son fils.

Et les dernières lueurs du jour éclairaient ce tableau d'un caractère singulièrement remarquable : l'enfant avec sa petite figure d'ange, — le spahi avec sa belle tête de guerrier, jouant tous deux à côté de ces sinistres musiciens noirs.

Fatou-gaye était assise à leurs pieds ; elle les contemplait l'un et l'autre avec adoration, par terre devant eux, comme un chien couché aux pieds de ses maîtres ; elle était comme en extase devant la beauté de Jean, qui avait recommencé à lui sourire...

Il était resté bien enfant, le pauvre Jean, comme cela arrive presque toujours aux jeunes hommes qui ont mené la vie rude, et auxquels un développement physique précoce a donné de bonne heure l'air mûr et très sérieux. Il faisait sauter son fils sur ses genoux avec une gaucherie de soldat, — et riait à tout instant d'un rire frais et jeune... Mais il ne voulait pas beaucoup rire, lui, le fils du spahi ; il passait ses bras ronds autour du cou de son père, se serrait contre sa poitrine, — et regardait tout d'un air très grave...

La nuit venue, Jean les installa tous deux en sécurité dans l'intérieur du blockhaus, — puis il donna à Fatou-gaye tout l'argent qui lui restait, — trois *khâliss*, quinze francs !...

— Tiens, dit-il, demain matin tu achèteras du kous-skouss pour toi, — et du bon lait pour lui...

20

ENSUITE il prit le chemin du campement, pour aller, lui aussi, s'étendre et dormir.

Il fallait passer par le camp allié des Bambaras pour gagner les tentes françaises. La nuit était transparente et lumineuse, avec partout des bruissements d'insectes ; on sentait qu'il y en avait des milliers et des milliers, de grillons et de cigales, sous toutes les herbes, dans tous les petits trous de sable ; parfois cet ensemble de bruissements s'enflait, devenait strident, assourdissant, — comme si toute l'étendue de ce pays eût été couverte d'un nombre infini de petites sonnettes et de petites crécelles ; — et puis, par instants, cela semblait s'apaiser, comme si tous les grillons se fussent donné le mot pour chanter plus bas ; cela semblait s'éteindre.

Jean s'en allait en songeant ; il était très rêveur, ce soir-là... Et, tout en rêvant, sans regarder devant ses pas il se trouva englobé tout à coup dans une grande ronde qui tournoyait autour de lui en cadence. (La ronde est la danse aimée des Bambaras.)

C'étaient des hommes de très haute taille, ces danseurs, qui avaient de longues robes blanches et de hauts turbans, blancs aussi, à deux cornes noires.

Et, dans la nuit transparente, la ronde tournait presque sans bruit, — lente, mais légère comme une ronde d'esprits ; — avec des frôlements de draperies flottantes, comme des frôlements de plumes de grands oiseaux... Et les danseurs prenaient tous ensemble des poses diverses : sur la pointe d'un pied, se penchant en avant ou en arrière ; lançant tous en même temps leurs longs bras, qui déployaient, comme des ailes transparentes, les mille plis de leurs vêtements de mousseline.

Le tam-tam battait doucement, comme en sourdine ; les flûtes tristes et les trompes d'ivoire avaient des sons voilés et comme lointains. Une musique monotone, qui semblait une incantation magique, menait la danse ronde des Bambaras.

Et, en passant devant le spahi, ils inclinaient la tête tous, en signe de reconnaissance ; — en souriant, ils disaient :

— Tjean ! entre dans la ronde !...

Jean aussi les reconnaissait presque tous sous leurs vêtements de luxe : des spahis noirs ou des tirailleurs, qui avaient repris le long *boubou* blanc, et s'étaient coiffés de la *temba-sembé* des fêtes.

En souriant, il leur disait au passage : « Bonsoir, Niodagal. — Bonsoir, Imobé-Fafandou ! — Bonsoir, Dempa-Taco et Samba-Fall ! — Bonsoir, grand Nyaor ! » — Nyaor était là, lui aussi, un des plus grands et des plus beaux...

Mais il pressait le pas tout de même, Jean, pour sortir de ces longues chaînes de danseurs blancs, qui se dénouaient et se renouaient toujours autour de lui... Cela l'impressionnait, la nuit, cette danse, — et cette musique qui semblait n'être pas une musique de ce monde.

Et, en disant toujours : « Tjean ! entre dans la ronde ! » ils continuaient de passer autour de lui comme des visions, s'amusant à entourer le spahi, faisant exprès d'allonger leur chaîne tournante, pour l'empêcher d'en sortir...

21

Quand le spahi fut couché sous sa tente, il se mit à bâtir dans sa tête une foule de plans nouveaux.

Certes il allait retourner d'abord voir ses vieux parents ; rien ne lui ferait différer ce départ. Mais, après, il lui faudrait bien revenir en Afrique, à présent qu'il y avait un fils... Il sentait bien qu'il l'aimait déjà de tout son cœur, ce petit enfant, et que pour rien au monde il ne pourrait se décider à l'abandonner...

Au-dehors, dans le camp des Bambaras, on entendait, à intervalles réguliers, la voix des griots qui chantaient, sur trois notes lamentables, le *cri de guerre* consacré. Ils jetaient ce chant de hibou sur les tentes endormies, et berçaient le premier sommeil des guerriers noirs en leur recommandant d'être braves et de mettre dans leurs carabines plusieurs balles à la fois quand viendrait le jour du combat... On sentait que ce jour approchait, et que Boubakar-Ségou n'était pas loin.

Que faire à Saint-Louis, quand il y viendrait retrouver son petit enfant, après son congé terminé?... Se rengagerait-il ou bien tenterait-il la fortune par quelque procédé aventureux?...

Traitant du fleuve peut-être? — Mais non, il se sentait un éloignement invincible pour tout autre métier que celui des champs ou celui des armes.

Tous les bruits de la vie s'étaient éteints maintenant dans le village de Dialdé, et le campement, lui aussi, était silencieux. On entendait au loin la voix du lion, — et, par instants, le cri le plus lugubre qu'il y ait au monde : le glapissement du chacal. C'était comme un accompagnement funèbre aux rêves du pauvre spahi!...

C'est égal, la présence de ce petit enfant changeait bien tous ses projets, — et compliquait beaucoup pour lui toutes les difficultés de l'avenir...

— Tjean!... entre dans la ronde!...

Jean dormait à demi, fatigué par ses longues courses du jour, — et tout en songeant à son avenir, — en rêve il voyait encore tournoyer lentement autour de lui, la ronde des Bambaras. Ils passaient et repassaient avec des gestes mous, des attitudes mourantes, — au son d'une musique indécise qui n'était plus de la Terre.

— Tjean!... entre dans la ronde!...

Leurs têtes, qui se penchaient pour saluer Jean, semblaient fléchir sous le poids de leurs hautes coiffures

172

de fête... Maintenant, c'étaient même des figures grimaçantes, des figures mortes qui s'inclinaient avec des airs
de connaissance, et disaient tout bas, avec des sourires
de fantômes : « Tjean !... entre dans la ronde !... »

Et puis, la fatigue vint peu à peu achever d'engourdir
la tête de Jean, — et il s'endormit d'un profond sommeil
sans rêves, — avant d'avoir rien décidé...

22

C'ETAIT le grand jour, le jour du combat. A trois
heures du matin, tout s'agitait au campement de
Dialdé ; — spahis, tirailleurs, Bambaras alliés, se dispo-
saient à se mettre en route, avec leurs armes et leurs
munitions de guerre.

Les marabouts avaient fait de grandes prières ; beaucoup de talismans avaient été distribués. — Dans les
carabines des guerriers noirs, on avait mis, par ordre des
chefs, comme aux jours de grandes batailles, de la
poudre jusqu'à moitié des canons, et du plomb jusqu'à
la gueule ; — tant et si bien que la plupart éclatèrent à la
première décharge, comme cela arrive fréquemment
dans les guerres du pays nègre.

On devait se diriger vers le village de Djidiam, où, au
dire des espions indigènes, Boubakar-Ségou se tenait
enfermé avec son armée, derrière d'épaisses murailles
de bois et de boue. Djidiam était la grande forteresse de
ce personnage presque légendaire, l'effroi du pays, —
sorte de mythe dont la force était de fuir, de se cacher
toujours au fond de son pays meurtrier, et de demeurer
introuvable.

On devait camper dans l'après-midi sous de grands
bois avoisinant le quartier général de l'ennemi, — et,
pour en finir, tomber la nuit sur Djidiam, mettre le feu

au village, qui brûlerait au clair de lune comme un autodafé de paille ; — puis s'en retourner victorieusement à Saint-Louis, avant que la fièvre eût achevé de décimer la colonne.

La veille, Jean avait écrit à ses vieux parents une lettre bien tendre, — pauvre lettre au crayon qui, le jour même, descendit le fleuve sur la *Falémé,* — et dut être douce, là-bas, au cœur de sa vieille mère...

Un peu avant le lever du soleil, il embrassa son petit enfant, — endormi dans les bras de Fatou-gaye, — et monta à cheval.

23

DES le matin, Fatou-gaye aussi se mit en route avec son fils. — Elle alla à Nialoumbaé, un village de la tribu alliée, où résidait un grand marabout, prêtre fameux dans l'art des prédictions et des sorts.

Elle se fit conduire à la hutte de ce vieillard centenaire, qu'elle trouva affaissé sur sa natte et marmottant, comme un mourant, des prières à son Dieu.

Ensemble ils eurent un long entretien, à la suite duquel le prêtre remit à la jeune fille un petit sac de cuir qui semblait renfermer une chose d'un grand prix et qu'elle serra soigneusement dans sa ceinture.

Après cela, le marabout fit prendre à l'enfant de Jean un breuvage pour l'endormir ; — et Fatou-gaye offrit en échange trois grosses pièces d'argent, — les derniers *khâliss* du spahi, que le vieillard serra dans sa bourse ; et puis, dans un pagne brodé, elle enveloppa avec amour son fils, qui déjà dormait d'un sommeil magique ; — elle attacha sur son dos ce fardeau précieux, — et se fit indiquer la direction des bois où, dans la soirée, les Français devaient camper.

174

24

SEPT heures du matin. — Un site perdu du pays de Diambour. — Un marais plein d'herbages renfermant un peu d'eau. — Une colline basse bornait l'horizon du côté du nord ; — du côté opposé de la plaine, à perte de vue, les grands champs de Dialakar.

Tout est silencieux et désert ; — le soleil monte tranquillement dans le ciel pur.

Des cavaliers apparaissent dans ce paysage africain qui eût trouvé aussi bien sa place dans quelque contrée solitaire de l'ancienne Gaule. — Fièrement campés sur leurs chevaux, ils sont beaux tous, avec leurs vestes rouges, leurs pantalons bleus, leurs grands chapeaux blancs rabattus sur leurs figures bronzées.

Ils sont douze, douze spahis envoyés en éclaireurs, sous la conduite d'un adjudant, — et Jean est parmi eux.

Aucun présage de mort, rien de funèbre dans l'air, — rien que le calme et la pureté du ciel. — Dans le marais, les hautes herbes, humides encore de la rosée de la nuit, brillent au soleil ; les libellules voltigent, avec leurs grandes ailes tachetées de noir ; les nénufars ouvrent sur l'eau leurs larges fleurs blanches.

La chaleur est déjà lourde ; les chevaux tendent le col pour boire, ouvrant leurs naseaux, flairant l'eau dormante. — Les spahis s'arrêtent un instant pour tenir conseil ; ils mettent pied à terre pour mouiller leurs chapeaux et baigner leurs fronts.

Tout à coup, dans le lointain, on entend des coups sourds, — comme le bruit de grosses caisses énormes résonnant toutes à la fois.

— Les *grands tam-tams !* dit le sergent Muller, qui avait vu plusieurs fois la guerre au pays nègre.

Et, instinctivement, tous ceux qui étaient descendus coururent à leurs chevaux.

Mais une tête noire venait de surgir près d'eux dans les herbages ; un vieux marabout avait fait, avec son bras maigre, un signe bizarre, comme un commandement magique adressé aux roseaux du marais, — et une grêle de plomb s'abattait sur les spahis.

Les coups, pointés patiemment, sûrement, dans la sécurité de cette embuscade, avaient tous porté. — Cinq ou six chevaux s'étaient abattus ; les autres, surpris et affolés, se cabraient, en renversant sous leurs pieds leurs cavaliers blessés, — et Jean s'était affaissé, lui aussi, sur le sol avec une balle dans les reins.

En même temps, trente têtes sinistres émergeaient des herbes, trente démons noirs, couverts de boue, bondissaient, en grinçant de leurs dents blanches, comme des singes en fureur.

O combat héroïque qu'eût chanté Homère et qui restera obscur et ignoré, comme tant d'autres de ces combats lointains d'Afrique ! Ils firent des prodiges de valeur et de force, les pauvres spahis, dans leur défense suprême. — La lutte les enflammait, comme tous ceux qui sont courageux par nature et qui sont nés braves ; ils vendirent cher leur vie, ces hommes qui tous étaient jeunes, vigoureux et aguerris ! — Et dans quelques années, à Saint-Louis même, ils seront oubliés. — Qui redira encore leurs noms, — à ceux qui sont tombés au pays de Diambour, dans les champs de Dialakar ?

Cependant le bruit des grands tam-tams se rapprochait toujours.

Et tout à coup, pendant la mêlée, les spahis, comme en rêve, virent passer sur la colline une grande troupe noire ; des guerriers, à moitié nus, couverts de grigris, courant dans la direction de Dialdé, en masses échevelées ; — des tam-tams de guerre énormes, que quatre hommes ensemble avaient peine à entraîner dans leur course ; de maigres chevaux du désert qui semblaient pleins de feu et de fureur, harnachés d'oripeaux singuliers, tout pailletés de cuivre, — avec de longues queues, de longues crinières, teintes en rouge sanglant, — tout un défilé fantastique, démoniaque ; — un cauchemar africain, plus rapide que le vent.

C'était Boubakar-Ségou qui passait !

Il allait s'abattre là-bas sur la colonne française. — Il passait sans même prendre garde aux spahis, — les abandonnant à la troupe embusquée qui achevait de les exterminer.

On les poussait toujours, loin des herbages et de l'eau, on les poussait dans les sables arides, là où une chaleur plus accablante, une réverbération plus terrible les épuisait plus vite.

On n'avait pu recharger les armes ; — on se battait avec des couteaux, des sabres, des coups d'ongle et des morsures ; — il y avait partout de grandes blessures ouvertes et des entrailles saignantes.

Deux hommes noirs s'étaient acharnés après Jean. — Lui était plus fort qu'eux ; il les roulait et les chavirait avec rage, — et toujours ils revenaient.

A la fin, ses mains n'avaient plus de prise sur le noir huileux de leur peau nue ; ses mains glissaient dans du sang ; — et puis il s'affaiblissait par toutes ses blessures.

Il perçut confusément ces dernières images : ses camarades morts, tombés à ses côtés, — et le gros de l'armée nègre qui courait toujours, prête à disparaître ; — et le beau Muller qui râlait près de lui, en rendant du sang par la bouche ; — et, là-bas, déjà très loin, le grand Nyaor qui se frayait un chemin dans la direction de Saldé, en fauchant à grands coups de sabre dans un groupe noir.

Et puis, à trois, ils le terrassèrent, ils le couchèrent sur le côté, lui tenant les bras, — et l'un d'eux appuya contre sa poitrine un grand couteau de fer.

Une minute effroyable d'angoisse, pendant laquelle Jean sentit la pression de ce couteau contre son corps. Et pas un secours humain, rien, tous tombés, personne !...

Le drap rouge de sa veste et la grosse toile de sa

chemise de soldat, et sa chair, faisaient matelas et résistaient : le couteau était mal aiguisé !

Le nègre appuya plus fort. — Jean poussa un grand cri rauque et tout à coup son flanc se creva. — La lame, avec un petit crissement horrible, plongea dans sa poitrine profonde ; — on la remua dans le trou, — puis on l'arracha à deux mains, — et l'on repoussa le corps du pied.

C'était lui le dernier. — Les démons noirs prirent leur course en poussant leur cri de victoire ; en une minute, ils avaient fui comme le vent dans la direction de leur armée.

On les laissa seuls, les spahis, — et le calme de la mort commença pour eux.

25

Le choc des deux armées eut lieu plus loin ; il fut très meurtrier, bien qu'il ait fait peu de bruit en France.

Ces combats, livrés en pays si lointain, et où si peu d'hommes sont engagés, passent inaperçus de la foule ; ceux-là seuls s'en souviennent qui y ont perdu un fils ou un frère.

La petite troupe française faiblissait, quand Boubakar-Ségou reçut, presque à bout portant, un paquet de chevrotines dans la tempe droite. La cervelle du roi nègre jaillit au-dehors en bouillie blanche ; — au son du tabala et des cymbales de fer, il tomba au milieu de ses prêtres, empêtré dans ses longs chapelets d'amulettes — et ce fut pour ces tribus le signal de la retraite.

L'armée noire reprit sa course vers les contrées impénétrables de l'intérieur, et on la laissa fuir. Les Français n'étaient plus en état de la poursuivre.

On rapporta à Saint-Louis le serre-tête rouge du grand chef rebelle. — Il était tout brûlé et criblé de trous de mitraille.

Une longue écharpe de talismans y était attachée : c'étaient des sachets diversement brodés, renfermant des poudres mystérieuses, des dessins cabalistiques et des prières dans la langue du Maghreb.

Cette mort produisit un effet moral assez considérable sur les populations indigènes.

Le combat fut suivi de la soumission de plusieurs chefs insurgés, et on put le considérer comme une victoire.

La colonne rentra promptement à Saint-Louis ; on conféra plusieurs grades et décorations, à tous ceux qui y avaient pris part, — mais les rangs s'étaient bien éclaircis chez les pauvres spahis !...

26

JEAN, se traînant sous les tamaris au feuillage grêle, chercha un endroit où sa tête fût à l'ombre, et s'y installa pour mourir.

Il avait soif, une soif ardente, et de petits mouvements convulsifs commençaient à agiter sa gorge.

Souvent il avait vu mourir de ses camarades d'Afrique, et il connaissait ce signe lugubre de la fin, que le peuple appelle le hoquet de la mort.

Le sang coulait de son côté, et le sable aride buvait ce sang comme une rosée.

Pourtant il souffrait moins : à part cette soif, toujours qui le brûlait, il ne souffrait presque plus.

Il avait des visions étranges, le pauvre spahi : la chaîne des Cévennes, les sites familiers d'autrefois, et sa chaumière dans la montagne.

C'étaient surtout des paysages ombreux qu'il voyait là, beaucoup d'ombre, de mousses, de fraîcheurs et d'eaux vives, — et sa chère vieille mère qui le prenait doucement, pour le ramener par la main, comme dans son enfance.

Oh!... une caresse de sa mère!... oh! sa mère, là, caressant son front dans ses pauvres vieilles mains tremblantes, et mettant de l'eau fraîche sur sa tête qui brûlait!

Eh! quoi, plus jamais une caresse de sa mère, plus jamais entendre sa voix!... Jamais, jamais plus!... C'était la fin de toutes choses?... Seul, tout seul, mourir là, au soleil, dans ce désert! Et il se soulevait à demi, ne voulant pas mourir.

— Tjean! entre dans la ronde!

Devant lui, comme une rafale tournante, comme un vent furieux d'orage, une ronde de fantômes passa.

Du frôlement de ce tourbillon contre les graviers brûlants, des étincelles jaillissaient.

Et les danseurs diaphanes, montant en spirales rapides comme une fumée balayée par le vent, se perdirent tout en haut, dans l'embrasement de l'éther bleu.

Et Jean eut la sensation de les suivre, la sensation d'être enlevé par des ailes terribles, et il pensa que c'était la minute suprême de la mort.

Mais ce n'était qu'une crispation de ses muscles, un grand spasme horrible de la douleur.

Un jet de sang rose sortit de sa bouche, une voix dit encore, en sifflant contre sa tempe:

— Tjean! entre dans la ronde!

Et, plus calme, souffrant moins, il s'affaissa de nouveau sur son lit de sable.

Des souvenirs de son enfance revivaient maintenant en foule dans sa tête, avec une netteté étrange. Il entendait une vieille chanson du pays, avec laquelle jadis sa mère l'endormait, tout petit enfant dans son berceau; et puis, tout à coup, la cloche de son village sonnait bruyamment, au milieu du désert, l'*Angelus* du soir.

Alors, des larmes coulèrent sur ses joues bronzées ; ses prières d'autrefois lui revinrent à la mémoire, et lui, le pauvre soldat, se mit à prier avec une ferveur d'enfant ; il prit dans ses mains une médaille de la Vierge, attachée à son cou par sa mère ; il eut la force de la porter à ses lèvres, et l'embrassa avec un immense amour. Il pria de toute son âme cette Vierge des douleurs, que priait chaque soir pour lui sa mère naïve ; il était tout illuminé des illusions radieuses de ceux qui vont mourir, — et, tout haut, dans le silence écrasant de cette solitude, sa voix qui s'éteignait répétait ces mots éternels de la mort : « Au revoir, au revoir dans le ciel ! »

Il était alors près de midi. Jean souffrait de moins en moins ; le désert, sous l'intense lumière tropicale, lui apparaissait comme un grand brasier de feu blanc, dont la chaleur ne le brûlait même plus. Pourtant sa poitrine se dilatait comme pour aspirer plus d'air, sa bouche s'ouvrait comme pour demander de l'eau.

Et puis la mâchoire inférieure tomba tout à fait, la bouche s'ouvrit toute grande pour la dernière fois, et Jean mourut assez doucement, dans un éblouissement de soleil.

27

QUAND Fatou-gaye revint du village du grand marabout, rapportant un objet mystérieux dans un sac de cuir, les femmes de la tribu alliée lui dirent que la bataille était finie.

Elle revint au camp, anxieuse, haletante, épuisée, marchant d'un pas fiévreux sur le sable chaud, portant sur le dos son petit enfant toujours endormi, roulé dans une pièce d'étoffe bleue.

Le premier qu'elle aperçut, ce fut le musulman Nyaor-fall, le spahi noir, qui la regardait gravement venir, en égrenant son long chapelet du Maghreb.

Dans la langue du pays, elle dit ces trois mots saccadés : « Où est-il ?... »

Et Nyaor, d'un geste recueilli, étendit son bras vers le sud du pays de Diambour, dans la direction des champs de Dialakar.

— Là-bas !... fit-il. Il a gagné le paradis !...

28

TOUT le jour, Fatou-gaye marcha fiévreusement dans les halliers, dans les sables, traînant toujours son tout petit enfant endormi sur son dos... Elle allait, venait, courait par instants, avec des allures folles de panthère qui aurait perdu ses petits ; — elle cherchait toujours, sous l'ardent soleil, sondant les buissons, fouillant les brousses épineuses.

Vers trois heures, dans une plaine aride, elle aperçut un cheval mort, — puis une veste rouge, — puis deux, puis trois... C'était le champ de la déroute, — c'était là qu'ils étaient tombés, les spahis !...

Par-ci par-là, de maigres broussailles de mimosas et de tamaris dessinaient sur le sol jaune des ombres ténues, qui semblaient émiettées par le soleil... Tout au loin, au bout de cette platitude sans bornes, la silhouette d'un village aux huttes pointues apparaissait dans le profond horizon bleu.

Fatou-gaye s'était arrêtée, tremblante, terrifiée... Elle l'avait reconnu, lui, là-bas, étendu avec les bras raidis et la bouche ouverte au soleil, — et elle récitait je ne sais quelle invocation du rite païen, en touchant les grigris pendus à son cou noir...

Elle resta là longtemps, à parler tout bas, avec des yeux hagards, dont le blanc s'était injecté de taches rouges...

Elle voyait de loin venir de vieilles femmes de la tribu ennemie qui se dirigeaient vers les morts, — et elle se doutait de quelque chose d'horrible...

Les vieilles négresses, hideuses et luisantes sous le soleil torride, traînant une âcre odeur de soumaré, s'approchèrent des jeunes hommes avec un cliquetis de grigris et de verroteries ; elles les remuèrent du pied, avec des rires, des attouchements obscènes, des paroles burlesques qui semblaient des cris de singes ; — elles violaient ces morts avec une bouffonnerie macabre...

Et puis elles les dépouillèrent de leurs boutons dorés, qu'elles mirent dans leurs cheveux crépus ; elles prirent leurs éperons d'acier, leurs vestes rouges, leurs ceintures...

Fatou-gaye était tapie derrière son buisson, ramassée sur elle-même, comme une chatte en arrêt ; — quand vint le tour de Jean, elle bondit, les ongles en avant, en poussant des cris de bête, injuriant les femelles noires dans une langue inconnue... Et l'enfant, qui s'était réveillé, se cramponnait au dos de sa mère furieuse et terrible...

Elles eurent peur, les femelles noires, et reculèrent...

Leurs bras, d'ailleurs, étaient assez chargés de butin ; elles pensèrent que, demain, elles pourraient revenir... Elles échangèrent des paroles que Fatou-gaye ne savait pas comprendre — et s'éloignèrent, en se retournant encore pour lui adresser des rires féroces, des moqueries de chimpanzés.

Quand Fatou-gaye fut seule, accroupie tout à côté de Jean, elle l'appela par son nom... Elle cria trois fois : « Tjean !... Tjean !... Tjean !... » d'une voix grêle qui retentissait dans cette solitude comme la voix de la prêtresse antique appelant les morts... Elle était là accroupie sous l'implacable soleil d'Afrique, les yeux fixes, regardant au loin, sans voir, le grand horizon brûlant et morne ; — elle avait peur de regarder la figure de Jean.

Les vautours abattaient impudemment leur vol près d'elle, fouettant l'air lourd de leurs grands éventails noirs... Ils rôdaient autour des cadavres, — ils n'osaient pas encore... les trouvant trop frais.

Fatou-gaye aperçut la médaille de la Vierge dans la main du spahi ; elle comprit qu'en mourant il avait prié... Elle aussi avait des médailles de la Vierge et un scapulaire, mêlés aux grigris qui pendaient à son cou ; à Saint-Louis, des prêtres catholiques l'avaient baptisée, — mais ce n'était pas en ceux-là qu'elle avait foi.

Elle prit une amulette de cuir, que jadis, dans le pays de Galam, une femme noire, sa mère, lui avait donnée... C'était là le fétiche qu'elle aimait et qu'elle embrassa avec amour.

Et puis elle se pencha sur le corps de Jean et lui souleva la tête.

De la bouche ouverte, d'entre les dents blanches, sortaient des mouches bleues, — et un liquide déjà fétide découlait des blessures du thorax.

29

Alors elle prit son petit enfant pour l'étrangler.

Comme elle ne voulait pas entendre ses cris, elle lui remplit la bouche de sable.

Elle ne voulait pas non plus voir la petite figure convulsionnée par l'asphyxie ; — avec rage elle creusa un trou dans le sol, — elle y enfouit la tête, et la couvrit encore de sable.

Et puis, de ses deux mains, elle serra le cou ; elle

serra, serra bien fort, jusqu'à ce que les petits membres vigoureux qui se raidissaient sous la douleur fussent retombés inertes.

Et, quand l'enfant fut mort, elle le coucha sur la poitrine de son père.

Ainsi mourut le fils de Jean Peyral... — Mystère ! — Quel Dieu l'avait poussé dans la vie, celui-là, l'enfant du spahi ?... qu'était-il venu chercher sur la terre, et où s'en retournait-il ?

Fatou-gaye pleura alors des larmes de sang, — et ses gémissements retentirent, déchirants, sur les champs de Dialakar... Et puis elle prit le sac de cuir du marabout elle avala une pâte amère qui y était contenue, — et son agonie commença, — une agonie longue et cruelle... Longtemps elle râla au soleil, avec des hoquets horribles, déchirant sa gorge de ses ongles, arrachant ses cheveux mêlés d'ambre.

Les vautours étaient autour d'elle, la regardant finir.

30

QUAND le soleil jaune se coucha sur les plaines du Diambour, le râle était fini, l'enfant ne souffrait plus.

Elle gisait, étendue sur le corps de Jean, serrant dans ses bras raidis son fils mort.

Et la première nuit descendit sur ces cadavres, chaude, étoilée, — avec le sabbat de la vie sauvage, commencé mystérieusement en sourdine, sur tous les points de la sombre terre d'Afrique.

Le même soir, le cortège de noces de Jeanne passait là-bas, au pied des Cévennes, devant la chaumière des vieux Peyral.

31

APOTHÉOSE

C'EST d'abord comme un gémissement lointain, parti de l'extrême horizon du désert ; — puis le concert lugubre se rapproche dans l'obscurité transparente : glapissements tristes de chacals, miaulements aigus d'hyènes et de chats-tigres.

Pauvre mère, pauvre vieille femme !... Cette forme humaine qu'on voit vaguement dans l'ombre, — qui est là étendue, au milieu de cette solitude, la bouche ouverte sous le ciel tout semé d'étoiles, — qui dort là à l'heure où s'éveillent les bêtes fauves, — et qui ne se relèvera plus, — pauvre mère, pauvre vieille femme !... ce cadavre abandonné, — c'est votre fils !...

— Jean !... entre dans la ronde !
La bande affamée arrive doucement dans la nuit, frôlant les halliers, rampant sous les hautes herbes ; — à la lueur des étoiles, elle entame les corps des jeunes hommes, et commence le repas voulu par l'aveugle nature : — tout ce qui vit se repaît, sous une forme ou sous une autre, de ce qui est mort.

L'homme, dans sa main endormie, tient toujours sa médaille ; — la femme, son grigri de cuir.   Veillez bien sur eux, ô précieuses amulettes.

Demain, de grands vautours cnauves continueront l'œuvre de destruction, — et leurs os traîneront sur le sable, éparpillés par toutes les bêtes du désert, — et leurs crânes blanchiront au soleil, fouillés par le vent et par les sauterelles.

Vieux parents au coin du feu, — vieux parents dans la chaumière, — père courbé par les ans, qui rêvez à votre fils, au beau jeune homme en veste rouge, — vieille mère qui priez le soir pour l'absent, — vieux parents, — attendez votre fils, — attendez le spahi !...

TABLE

INTRODUCTION   7
PREMIÈRE PARTIE.   19
DEUXIÈME PARTIE   67
TROISIÈME PARTIE   139

Achevé d'imprimer en juillet 1990
sur les presses de l'Imprimerie Bussière
à Saint-Amand (Cher)

PRESSES POCKET - 8, rue Garancière - 75285 Paris
Tél. : 46-34-12-80

— N° d'imp. 2182. —
Dépôt légal : avril 1987.
Imprimé en France

Jean Peyral, courageux spahi, est un Cévenol que la vie militaire a transplanté au Sénégal. Très vite séduit par ce pays lointain, il oublie la France, ses Cévennes natales, les siens. Heureux, il vit avec une femme noire dont il a un enfant. Mais bientôt les expéditions militaires se font plus dangereuses, le drame éclate.

Ce roman eut, à sa publication, un énorme succès. Pierre Loti introduisait un air nouveau dans la littérature conformiste de l'époque que suscitaient les expéditions coloniales. Les descriptions de la nature équatoriale, de la plaine de Saint-Louis alors forêt vierge, la mort du spahi sont de véritables morceaux d'anthologie qui font de Pierre Loti un de nos grands romanciers contemporains.

Également chez Presses Pocket : "Ramuntcho", "Pêcheur d'Islande", "Aziyadé".

9 782266 038805

catégorie
5

Spahi par Lalaisse / J.L. CHARMET